세상에 절대로 공짜는 없다

세상에 절대로 공짜는 없다

강 규 인 제4 수필집

해암

| 책을 내면서 |

네 번째 수필집을 낸다. 세 번째 수필집을 낸 지가 꽤 오래 되었다. 몇 년 전 네 번째 수필집을 준비하는 도중에 노트북을 잘못 다루어 준비한 글들을 모조리 날려 버렸다. 놓친 고기가 크다는 말처럼 잃어버린 글들이 너무 아쉬웠다. 정말 당황스러웠고 노트북을 제대로 다루지 못한 나 자신에 대하여 몹시 화가 났다. 노트북을 수리 전문점에 의뢰해도 여러 번 클릭을 해서 복원이 되지 않는다고 했다.

대단한 글은 아니라 해도 나름대로 준비한 한 권 분량의 자료를 한순간에 나의 실수로 잃었다는 것을 믿을 수가 없었다. 한동안 나에게 너무 화가 났다. 글들이 너무 아쉬웠고 수 십 편의 글을 다시 재생하기는 내 능력으로는 불가능한 일이었다.

글을 쓰는 것도, 노트북을 만진다는 것도 두려워 한동안 글을 쓸 엄두가 나지 않았지만, 또 세월이 지나니 수필에 대한 미련을 버리지 못하고 수필집을 준비하게 되었다.

왜 부끄럽고 자랑스럽지도 않은 사실들을 굳이 드러내야 하느냐고 식구들은 불만과 의문을 제기하겠지만 나의 수필은 숨길 수 없는 내 삶의 고백이다. 부끄럽기 짝이 없지만 나름대로 반성문이기도 하다.

수준 높은 수필은 되지 못해도 나에게 수필은 나를 지켜주는 힘이기에 건강이 허락하는 날까지 수필을 사랑하고 수필을 읽고 수필을 쓰고 싶다.

2024. 4.

봄의 계절에 강 규 인

| 차례 |

1부 | 세상에 절대로 공짜는 없다

2부 | 먼저 간 친구들

3부 | 길

수필
세상에 절대로 공짜는 없다

4부 | 물꼬

5부 | 거금을 휘날리다

6부 | 거울을 멀리한다는 것

강규인 제4 수필집

세·상·에·절·대·로·공·짜·는·없·다

1부

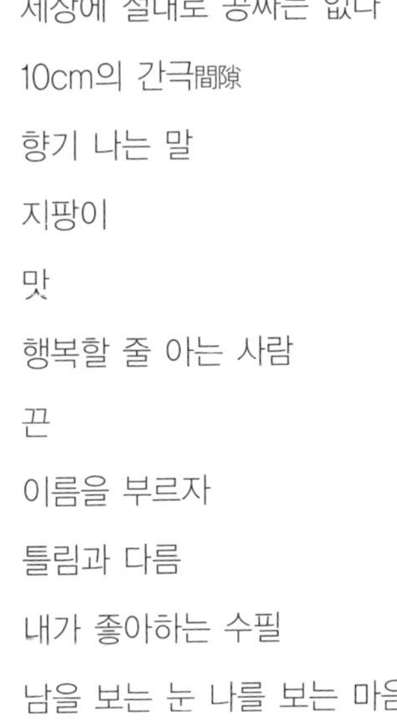

세상에 절대로 공짜는 없다

10cm의 간극間隙

향기 나는 말

지팡이

맛

행복할 줄 아는 사람

끈

이름을 부르자

틀림과 다름

내가 좋아하는 수필

남을 보는 눈 나를 보는 마음

세상에 절대로 공짜는 없다

세상에 공짜가 없다는 말이 있다. 이 말을 자주 하면서도 깊이 새겨 실천하지 못하다 보니 일을 그르치기도 하고 낭패를 당하기도 한다.

가까운 사람들로부터 도움을 받고도 모른척하며 수지맞는 장사라고 좋아하다가는 가까운 사람들과 차츰 멀어지고 소외되어 나중에는 아무리 힘들어도 도움받을 기회가 사라진다.

일을 부탁받고 거래를 하면서 상대방이 모르는 이익을 취하고 그 순간은 이득이다 싶어 기뻤을지라도 이상하게 거래처가 줄고 차츰 할 일이 없어지는 것은 세상에 공짜가 없다는 예이나. 직장에서 요령이나 부리고 대충대충 넘어가면 승진 승급이 남들과 같이 되지 않는 것도 마찬가지다. 갖고 싶은 물건을 얻으려면 값을 치러야 한다. 사람에게 일을 시키려면 품삯을 지불해야 한다. 가르침을 받으려면 수업료를 내야 한다. 공짜가 없다는 확실한 확인이다. 도움을 받으면 고맙다는 인사를 해야 한다. 수단과 방법은 달라도 대가는 치러야 한다. 대가를 치러야 공짜가 아니다.

도움을 받거나 혜택을 받고도 아무런 대가를 치르지 않으면 공짜고 횡재라고 좋아한다. 그러나 어떤 형식이나 방법으로든 대가를 치르지 않거나 갚지 않으면 좋은 관계는 점점 멀어진다. 만일 대가를 치르지 않았다면 외상이고 부채다. 비록 상대가 대가를 요구하지 않았다 해도 스스로 채무자에서 벗어날 수 없다. 비록 지금 당장 갚을 능력이 없다면 차후에라도 갚을 준비를 해야 한다. 사람들로부터 많은 신세를 지고도 전혀 꺼림칙하지도 않고 아무 생각 없이 지낸다면 머지않아 사람들로부터 무시당하고 외면당하는 대가를 치르게 된다.

도움을 준다고 반드시 보상을 받으려고 기대하지는 않는다. 다만 도와준 사람이 무심하거나 그로부터 섭섭한 일이라도 당하면 그 사람은 그렇지 않은 다른 사람보다 훨씬 더 심한 비난을 면하지 못한다. 대가를 치르는 또 다른 방법이다. 비난을 섭섭해 할 일은 아니고 대가를 치르는 방법이라고 생각해야 한다. 비난을 받는 것은 소극적으로 대가를 치르는 일이다. 말로 도움을 받았다고 꼭 말로 갚을 일만은 아니다. 말 아니고도 갚을 길을 찾아야 한다.

농사를 지어 농작물을 수확하거나 바다에서 고기를 잡는 것은 노동과 비용을 치른 결과물이니 공짜가 분명 아니다. 산에서 과일이나 산나물을 얻는 것은 공짜도 횡재도 아니다. 가만히 앉아서 얻는 수확이 아니고 산을 오르고 산을 헤매 다닌 보상이다. 비록 아무것도 얻지 못했다 해도 산행으로 자연 속에서 건강을 보상받았으니 서운해할 일은 아니다.

길거리에서 거금이나 귀금속을 줍고 공짜 중 최상의 공짜라고 믿으면 큰 오산이다. 바로 파출소나 관련 기관에 습득물을 신고해야 한다. 그렇지 않고 은닉하면 바로 현행범이다. 공짜를 좋아해 신고하지 않다가 교도소까지 가는 값을 치를 수 있다. 비록 들키지 않는다 해도 언제 들통이 날지 노심초사는 공짜가 아님의 실증이고 대가이다. 또 영원히 들키지 않고 지나갔다고 해도 양심의 괴로움이 대가이다. 부정을 저지르고 외적으로는 호의호식하며 잘 살아 보여도 마음은 그늘지고 초조함에서 벗어나지 못하고 잊혀 지지 않는 괴로움이 대가이다.

어른이 아이에게 칭찬하고 도움을 주고 용기를 북돋아 주어 훌륭한 인물이 되었다면 그 아이는 칭찬을 해준 어른에 대한 보답을 한 셈이다. 어른은 그 아이가 훌륭한 인물이 된 것으로 충분히 보상받았다. 나의 도움으로 훌륭한 인물이 되었으니 또 다른 보상을 바라면 안 된다. 대가를 바라고 도움을 주는 것은 도움이 아니고 거래일 뿐이다.

6.25 전쟁 때 우리는 우방국으로부터 많은 도움을 받았다. 우

리가 도움을 받았듯이 부당한 침공을 받는 나라를 도와주는 일이 대가이다. 전쟁 당시 우크라이나의 지원으로 우리들은 교과서를 무상으로 받기도 했다. 그때 나는 난생처음 원조로 받은 분유를 먹고 배고픔을 달랬다. 그 고마움을 잊지 못해 많지는 않지만 용돈을 아껴 전쟁으로 고통받는 우크라이나에 30만 원을 성금 했다. 유니세프 후원한 지가 25년이 되었다고 감사장도 받았다. 지난날의 고마움을 어찌 잊을 수가 있겠는가.

공짜를 좋아해서는 안 된다. 세상에는 공짜가 절대로 없기 때문이다. 어떠한 값이나 대가를 치르지 않는 완전한 공짜는 없다. 운동선수가 열심히 훈련을 한 결과는 좋은 성적이 대가이다. 노력하지 않아서 좋은 성적이 나오지 않는 것이 공짜가 없다는 실증이다. 열심히 운동해서 건강해지는 것은 공짜가 없다는 또 다른 확실한 증거다.

대수롭지 않은 일에 벌컥 화를 내고 곧바로 미안해하고 후회하는 것은 화낸 대가이다. 남을 도와주고 베풀었는데 상대가 고마워하지도 않고 보상하지도 않는다고 야박하게 생각할 일만은 아니다. 상대방의 어쩔 수 없는 사정이 있을 수도 있지만 이미 도와주면서 내 마음이 따뜻해지는 보람의 시간을 가졌으니 이보다 더 멋진 보상이 어디 있겠는가.

부부간에도 부모 자식 사이에도 공짜는 없다. 부모가 희생하는 것은 자식이 훌륭한 사람이 되기를 바라기 때문이다. 자식은 훌륭한 사람이 되기 위해 최선을 다하는 것이 빚을 갚는 길이다. 부부간이라고 공짜가 있겠는가. 애쓰고 힘쓴다면 서로 사랑과 애정으로 갚아야 한다. 내가 도움을 받으면 갚아야 할 일이 반드시 생긴다. 짜증 내거나 투덜거리지 말고 옛일을 생각하며 갚을 기회에 감사해야 한다. 갚을 것이 두렵다고 무조건 거절하는 것도 능사는 아니다. 선의의 베풂에는 감사히 받는 것 또한 더 많은 베풂의 출발이다.

공짜를 너무 좋아하다가는 한꺼번에 너무 비싼 대가를 치를 수 있다. 공짜로 주는 것 같아 넙석 잘못 받으면 낚싯밥에 걸린 물고기 신세가 되어 목숨까지 잃을 수 있다. 공짜가 없다는 말이 너무 삭막하고 야박할지 모르지만 이 믿음이 세상의 온기가 되고 밝음의 빛이 되리라고 믿고 싶다. 비난하면 비난이 돌아오고 욕을 하면 욕이 오니 세상에는 좋은 일이나 나쁜 일 모두 절대로 공짜는 없다.

10cm의 간극間隙

자동차의 브레이크(제동기)와 액셀러레이터(가속기)의 간격은 10cm 정도이다. 액셀러레이터는 자동차의 주행 속도를 높이는 장치이다. 반대로 브레이크는 달리는 자동차를 서행시키거나 정지시킨다. 정반대의 역할을 하는 자동차의 주요 기능을 착오하지 않을 만큼 확실히 분리하여 안전지대에 배치하지 않은 것은 능률과 편리를 고려한 그만한 이유가 있기 때문이다.

액셀러레이터를 밟아야 할 때 브레이크를 밟으면 위험하다. 반대로 브레이크를 밟아야 할 때 액셀러레이터를 밟으면 사고가 난다. 겨우 10cm 정도의 가까운 거리에 그것도 눈으로 확인하고 작동하는 것이 아니라 대부분 발의 감각으로 작동하기 때문에 숙달되지 않으면 사고의 원인이 된다. 액셀러레이터만 계속 밟다가는 대형 사고의 지름길이 될 수 있다. 브레이크를 계속 밟고 있으면 아무 데도 가지 못하고 한 자리에만 머물게 되고 또 다른 사고의 원인이 될 수 있다. 기능이 전혀 다른 두 장치가 너무 가까이 있어 부주의로 브레이크를 밟아야 할 때 액셀러레이터를, 그것도 돌발 상황에서 힘껏 밟아 대형 사고로 연결되기도 한다. 가까우면 편하지만 위험하고, 그렇다고 멀리 두면 불편하니 너무 멀리도 가깝지도 않은 가장 합리적인 간격이 어찌 이뿐이겠는가.

제동 장치와 주행 장치의 간격을 대충 어림짐작으로 배치했을 리는 없다. 인체의 구조를 검토했을 테고 편리함과 능률을 고려한 결과이다. 늘 대응할 수 있는 최적의 거리에 두어야 하고 신급한 순간에 작동할 시간도 거리도 고려한 최적의 거리라고 믿는다.

제동기와 가속기간 최적의 간격이 있듯이 사람 사이에도 최적의 거리는 분명히 있고, 있어야 한다. 가족 간의 간격, 친구 간의 간격, 상사와 직원 간의 간격, 이성 간의 간격, 잘 모르는 사람들과의 간격은 법으로 정해 있지는 않지만 느낌과 배려와 윤리로 허용 또는 삼가야 할 거리가 있다.

몸과 몸과의 거리도 있지만 마음의 거리도 있다. 몸은 한 치 사이라 해도 마음은 천 리 밖일 수 있다. 비록 몸은 이역만리라 해도 한 마음일 수도 있으니 서로의 거리는 부담 없어야 한다. 사람들 사이는 얼마의 거리가 좋을까. 부부 사이는 15~45cm로 언제든지 손을 내밀며 다가갈 수 있는 거리가 좋단다. 서로 호감을 나누는 사이는 45~75cm이고 친구 사이는 75~120cm, 연인 사이는 0~15cm이며 강연자와 듣는 사람의 최적 거리는 750cm, 도망갈 수 있는 거리는 350~750cm라는 연구 발표도 있으니 간격은 중요하며 또 무시할 수 없다.

세상에 존재하는 모든 생물체에는 최적의 간격이 있다고 한다. 사람과 사람 사이는 말할 것도 없지만 아무 불평도 하지 않는 듯이 보이는 동물이나 식물도 다른 종류는 말할 것도 없고 동종 간에도 최소한의 거리를 확보하기 위해 치열한 자리다툼을 한다. 공간을 확보한 나무는 여유를 누리고 제대로 성장하지만, 영역을 잃은 나무는 스트레스로 성장을 멈추든지 멸종하게 된다. 미물이나 야생동물이라고 다를 리 있겠는가.

사람은 더욱 예민하다. 친한 사이이니 간극을 무시해도 괜찮겠지 하다가는 브레이크를 밟아야 할 때 액셀러레이터를 밟는 것과 같은 대형 사고로 이어질 확률은 매우 높다. 간격을 좁히면 더욱 친해지리라 믿는다면 계산 착오다. 너무 가까우니 서로 이해해 주리라 너무 안심하면 일이 벌어진다. 가깝다고 법을 무시하고 무례까지 하다가는 사고로 이어진다. 가속페달을 너무 밟다 보면 돌아올 수 없는 곳까지 가버린다. 브레이크와 액셀러레이터의 간극은 한 뼘도 못 되지만 어떻게 작동하느냐에 따라 결과는 안전과 행복을 주기도, 때로는 파멸의 수렁으로 밀어 넣기도 한다.

사는 것도 크게 다르지 않다. 같은 선에서 출발해도 결과는 엄청나게 멀어진다. 브레이크를 밟을 때 밟고 액셀러레이터 밟아야 할 때 밟지 않으면 간극은 더욱 벌어지고 만다. 노력하면 삶의 폭이 넓어지겠지만 밟아야 할 때 밟지 않으면 결국 줄이지 못하는 간극이 생긴다. 처음부터 간극이 생긴 것이 아니라 노력하고 열심히 일한 사람만이 간극이 주는 여유를 누릴 수 있다. 모두가 미미한 차이로 출발하지만 고속도로를 안전하게 씽씽 달려가는 사람이 있는가 하면 수렁에 빠져 헤어 나오지 못하고 그 자리를 맴돌며 어려운 처지를 벗어나지 못한다. 처음부터 간극이 너무 멀어 따라잡지 못하는 것이 아니라 지켜야 할 간극을 지키지 않아 조금씩 벌어진 거리가 도저히 따라갈 수 없는 먼 거리가 된다.

남녀 사이에도 지켜야 할 간극이 반드시 있다. 청춘남녀는 말할 것도 없지만 나이가 많아도 서로 지켜야 할 간격을 지켜야 한다. 웬만큼 서로 알았으니 간극을 허물어도 괜찮겠지 하다가는 코 다칠 일을 만들고 좋은 일보다 고통이 따르는 사고로 이어질 확률이 매우 높다.

빈틈이 없다는 말이 언제나 칭찬만은 아닐 수 있다. 있어야 할 틈이 없으니 법이나 윤리를 따질 필요도 없고 무슨 일을 해도 아무 문제도 생기지 않을 것으로 믿다가 파멸의 구렁텅이로 빠지는 사람들을 심심찮게 본다. 브레이크와 액셀러레이터의 거리를 더 멀리도 더 좁히지 않고 꼭 필요한 간극을 유지하듯이 누구와도 어디에서도 가장 편리하고 아름다운 거리를 지켜야 한다. 일상생활에서 10cm의 간극은 거의 무시해도 좋은 정도의 조그마한 틈에 불과하지만 안전거리를 무시하면 누구도 결과는 아무도 장담할 수 없다.

제동기와 가속기를 같이 붙여 쓸 수 없듯이 좋아하고 사랑하며 존경하고 믿을수록 필요한 간극을 지키는 것은 사람간의 관계에서 오래오래 아름다움을 간직할 수 있는 불가피한 처방이다. 실수 연발의 나의 지난날을 돌아보며 가까이하는 사람들과 최적의 간극을 유지하여 얼마 남지 않은 노후의 길을 안전 운전하고 싶다.

향기 나는 말

사람들은 대부분 말로 의사소통을 한다. 일상은 말로 시작하여 말로 끝난다 해도 과언이 아니다. 말 때문에 깊은 상처와 돌이킬 수 없는 갈등과 분쟁을 만들기도 한다. 때로는 씻을 수 없는 회한과 울분을 불러일으킨다. 이를 해결하기 위한 이해와 용서와 화해도 말로 한다.

한마디 말실수가 공든 탑을 무너뜨리기도 한다. 자기가 한 말에 책임을 지지 않고 책임지려는 노력조차 않는다면 자신의 올가미가 된다. 시작하는 말이 곱고 부드러우면 대화의 목적을 이룰 확률이 높다. 유달리 말이 많은 사람이 있다. 자신이 주변 사람들보다 더 많이 알고 더 우월하다고 믿어서일까? 자기를 내세워 자기 존재를 확인시키려는 것은 아닐까? 자기 능력을 과시하느라 침묵하는 다른 사람의 마음도 헤아리지 못하고 간과하기 십상이다. 말 많은 집은 장맛도 쓰다는 옛말이 있다. 상대가 피곤해 하는 말은 향기나는 말과는 거리가 멀다.

훌륭한 가르침이나 삶의 지혜는 책이나 강연에서 얻으면 된다. 사석이나 모임 목적과는 상관없는 이야기로 함께하는 사람들을 피곤하게 하지는 말아야 한다. 요즘은 정보가 넘치는 시대다. 휴대전화 하나면 필요한 정보를 다 얻을 수 있다. 다 알고 있는 사실을 대단한 지식인 양 떠들면 향기는 고사하고 자칫 악취가 날 수 있다.

일반적으로 나이가 많으면 나이가 적은 사람에게 말을 놓는 경향이 있다. 상사는 하급자에게 말을 놓는 것을 예사로 여긴다. 권력자는 피지배인에게 말을 놓고도 당연히 여긴다. 우월한 지위에 있는 사람은 약자에게 예사로 말을 놓는다. 나이가 많다는 이유만으로, 힘이 있다는 이유로 말을 놓는 것은 온당하지 못하다. 예사로 말하고 함부로 하는 말은 하는 이나 듣는 사람에게 도움이 되지 못한다. 나이가 많다고, 상사라는 이유로 말을 놓을 때 자신의 품위를 떨어뜨린다. 말은 그 사람의 인품이다. 권위는 자기가 세우고자 해서 세워지지 않는다. 막힘없는 말에도 말하는 사람의 진정성이 배어 있어야 한다. 향을 싼 종이에서 향기가 나듯 말이나 태도에서 인품도 묻어나고 향기가 스며 나온다. 속이고 아첨하는 말은 미사여구로 꾸며도 꾸릿한 냄새까지 감출 수는 없다.

군 책임자가 지휘권 확보 차원이라면 초급장교가 부모뻘인 하사관에게 말을 놓는 것은 괜찮다는 식으로 말을 해 시끄러운 적이 있었다. 군대의 위계질서는 명령과 복종으로 이뤄진다고 해도 상하 간에 존경과 예의 없이 군의 목적 달성이 과연 가능한 일인가. 나이가 많다고 말을 놓아서도 안 되겠지만 상사이기 때문에 나이 많은 부하에게 말을 놓기보다 서로 예우를 해야 한다. 믿음과 존경 없는 군대는 강한 조직이 될 수 없고 강한 단합과 조직은 전승의 필수 요인이다. 의도하는 일의 목적달성을 위해서도 말을 놓는 것보다 놓지 않는 것이 좋다.

말을 놓아서 기분이 우쭐할지는 모르지만 약자라는 이유로, 나이가 적다는 까닭으로 하대 받는 사람의 기분을 조금이라도 생각할 수는 없을까. 상대에 대한 예우는 곧 자신이 예우를 받는 최상의 방법이다. 말을 놓아 기분이 좋아지는 사람이라면 자신의 인품이 망가지고 있음을 모르고 있는 것이다.

존경받고 싶다면 함부로 말을 놓지 말아야 한다. 말을 놓아서 기분이 좋다면 말릴 방법은 없다. 시비를 해봐야 쉽게 수긍할 사람이라면 예사로 말을 놓겠는가. 말을 높이면 상대방의 기분이 좋아지고 상대방을 높이는 본인의 기분이 먼저 좋아진다. 이유도 없이 말을 놓는다면 듣는 이는 구정물을 덮어쓴 느낌이 들 수 있다.

높임말이 무엇인지 모르던 시절의 친구들과는 지금도 말을 트고 지낸다. 성인이 되고 만난 사람들과는 말을 놓지 않는다. 가끔 상대가 불편하다고 굳이 말을 놓자고 하면 고집까지 부리지는 않는다. 친구 아들과 같은 직장에서 근무할 때도 말을 놓지 않았다. 직장에서는 친구의 아들에 앞서 직원 중의 한 사람이다. 함부로 말을 놓지 않으면 나에게 함부로 말을 놓는 사람이 그만큼 줄어든다. 나에겐 아무리 찾아보아도 내세울 것이 없다. 신언서판이 반듯하지도 못하고 내세울 것 없이 살았지만 스스로를 천덕꾸러기로 대접하고 싶지는 않았다. 손가락질받는 일을 줄이는 방법의 하나가 남에게 높임말을 쓰는 것이고 이것이 남들로부터 나를 지키는 방법이고 수단이기도 했다.

화려한 배경이나 자동차의 등급이 곧 인품이 아니듯이 연장자나 상급자가 아랫사람에게 말을 놓을 수 있는 품위도 등급도 아니며 말을 놓아도 된다는 면허증은 더욱 아니다. 나이가 많다고 엘리베이터에서 만나는 꼬마들에게 말을 놓는 것이 흉은 아닐지 몰라도 아름답지는 않다. 존칭이 부족한 외국어 교육을 받아서 말을 놓는 것이 익숙한지는 모르지만 옛날에도 어른들은 젊은이에게 말을 붙일 때는 노형이라고 하며 예를 갖추었다. 말은 올리고 높인다고 힘이 들지도 않고 무겁지도 않다. 말을 놓고 말을 내린다고 해서 말하는 사람이 올라가는 것도 아니고 상대의 품위가 내려가지도 않는다. 말을 놓아서 상대를 하대해도 상대방을 내리지 못한다. 상대가 좋아할 리 없는데 굳이 말을 놓는 이유를 모르겠다.

말을 삼가고 줄이라는 격언이 넘쳐나고 가르침을 받아도 세월이 흐르면서 말은 많아지고 말로 인한 다툼이 끝없는 것은 하는 말에 향기가 없기 때문이다.

요즘은 많이 달라졌지만 오십년도 넘은 오래전의 직장에서 나의 높임말을 들은 젊은 운전기사는 직장에서 처음 높임말을 듣는다며 무척 감격해했다. 그 말을 듣는 순간 나는 너무 미안하고 부끄러웠다. 그동안 많은 사람들로부터 말로 상처받은 그에게 대신 용서를 구하고 싶었다. 그날 받은 충격이 오십 년이 더 지나도 잊혀지지 않는다. 나의 한마디 말이 누구에게라도 작은 감동이라도 줄 수 있다면 이 세상을 살아가는 의미이기도 하다.

말은 행동의 어머니다. 거친 말은 거친 행동을 낳고 아름다운 말은 향기가 난다. 우리가 사는 세상이 말의 향기로 넘쳐나는 아름다운 세상이 되기를 꿈꾸어 본다.

지팡이

자기 힘으로 충분히 버티고 견딜 수 있을 때는 지팡이의 가치를 모른다. 있으면 외려 거추장스러울 수도 있다. 힘이 모자라 도움이 필요하게 되면 비로소 지팡이를 원한다. 힘이 부족하면 잡고 설 지팡이가 필요하다.

그 지팡이는 부모나 형제와 같은 가족일 수도 있다. 친구나 선후배가 지팡이가 되어 주기도 하고 선생님일 수도 있다. 신앙이 훌륭한 지팡이가 되기도 한다. 재물이 최고의 지팡이라고 믿기도 한다. 권력만이 최상의 지팡이고 가장 탄탄한 힘 있는 지팡이라고 믿는다. 특기며 취미나 뛰어난 재능이 자기를 지켜주고 바로 서게 하는 단단한 지팡이가 되어 주기도 한다.

힘이 있을 때는 조금만 도와줘도 지팡이가 제 역할을 하지만 정말 고립무원에서는 제대로 역할을 하는 지팡이라야 지닐만한 지팡이가 되고 지팡이가 필요한 이유가 된다. 자기만의 지팡이를 마련하는 과정 그것이 바로 내가 살아가는 삶이 아닐까?

막대기는 지팡이도 되고 작대기도 된다. 산을 오를 때는 지팡이부터 챙긴다. 작대기는 주로 물건 따위를 버티는 데 쓰인다. 지팡이는 걸음을 돕고 힘을 덜기 위해 짚는다. 물건을 세우기가 쉽지 않을 때 작대기로 버티어 세우듯이 살아가자면 작대기는 필요하다. 무거운 짐을 지고 가다 쉬고 싶을 때 지게를 받치는 작대기는 여간 고맙고 요긴한 물건이 아니다. 형태를 떠나 제대로 걷고 서기 위해서는 지팡이가 필요하다. 단순하지만 지팡이나 작대기는 서거나 걷기의 부족함을 채워주며 안전하고 편하게 해준다. 경찰을 민중의 지팡이라고 부르는 것도 어려울 때 넘어지지 않도록 붙잡아 주며 도와주고 지켜주는 역할을 한다는 의미이다.

돈이나 권력 또는 인맥의 힘만 믿고 함부로 휘둘러 지팡이가 흉기가 되는 경우도 드물지 않다. 지팡이 본래의 목적을 벗어나 사용하면 도움을 주기는커녕 흉기가 되고 사회적 물의를 일으키는 양면성을 지니고 있다. 무겁지도 않고 너무 짧거나 길지 않아야 넘어지지 않게 버티어 주고 또 여러 번 쓰러져도 다시 짚고 일어날 수 있다. 거추장스러우면 제대로 사용하기도 불편하다. 감당할 만한 규모라야 한다.

나를 낳아주시고 길러주신 부모님과 가족은 말할 것도 없지만 가르침을 주신 선생님을 비롯하여 친구며 직장동료들도 나를 서게 하고 버티게 하고 걷게 해준 너무나 고마운 지팡이였다.

지팡이는 필요할 때 없어도 곤란하지만 너무 크고 많아도 모두 사용할 수 없다. 지팡이가 많으면 지팡이의 가치가 그만큼 줄어들고 소홀하게 된다. 지팡이를 잡을 수 있는 손이 두 개뿐이듯이 욕심을 부려도 동시에 쓸 수 있는 지팡이의 효능은 한계가 있다. 아무리 많아도 한꺼번에 많은 지팡이를 모두 쓸 수 없다. 지팡이가 아무리 많아도 꼭 필요할 때 쓸 수 있는 것은 한계가 있어 많이 가지려고 한다면 욕심이고 지팡이의 무거운 짐이 자신을 괴롭히기도 한다.

외부로부터 주어지는 지팡이도 소중하지만 자기 스스로 만든 지팡이가 일차적으로 나를 지켜주고 버텨주고 받쳐주는 역할을 해야 한다. 남으로부터 빌려 쓰면 갚아야 하고 얻어 써도 짐이다. 필요할 때 다른 사람을 힘들게 하거나 어렵게 빌려 쓰는 지팡이는 내 지팡이가 아니다. 곁에 있어 언제든지 쓸 수 있어야 한다.

나를 지금까지 버티게 한 지팡이는 무엇이었을까? 나는 지금까지 어떤 지팡이를 준비해 왔고 제대로 활용했는지 돌아보게 된다. 조그만 힘에도 견디지도 버티지도 못하는 나약한 지팡이로는 무거운 지게 밑에 깔리고 만다. 지팡이는 길기만 하고 가늘어도 쓸모가 없고 너무 짧고 무거워도 지팡이 구실을 못 한다. 자기가 쓸 수 있을 만큼의 길이와 크기라야 한다. 감당 못 하는 지팡이는 쓸모가 없다. 자기의 능력이 부족하면 아무리 좋은 지팡이라도 도움을 받기는커녕 오히려 거추장스럽고 짐이 된다. 지팡이는 제대로 서고자 하는 사람에게만 힘이 되고 도움이 되지만 스스로 설 의지가 없다면 쓸모없는 막대기일 뿐이다. 조금만 잡아 줘도 일어설 수가 있고 짚고 버티는 힘이 되어 일어서기만 하면 목적지까지 갈 수 있게 하는 힘이 지팡이의 역할이다. 지팡이는 유효하게 쓸 수 있을 때 가치가 있지 용도를 벗어나면 지팡이가 아니다. 아무리 좋은 지팡이라도 주인의 의지 없이는 스스로 아무것도 하지 못한다.

지팡이의 종류는 참으로 많다. 다른 사람으로부터 주어지기도 하지만 어려운 경우를 대비해 미리 자기에게 필요한 지팡이를 준비해야 한다. 남이 만들어 준 것보다는 자기에게 알맞은 지팡이를 스스로 준비할 수 있다면 어려움을 최소로 줄일 수 있는 최상의 방법이다. 남에게 피해를 주지 않고 원한이나 원망을 쌓지 않는 바른 삶이 가장 좋은 지팡이다. 남의 지팡이는 내가 필요할 때 쓴다는 보장이 없다.

돌아보니 나는 누구의 지팡이가 되지도 못했고 나를 지켜주는 지팡이를 준비하는 데도 소홀했다. 정성껏 깎고 닦고 다듬어 온 나의 지팡이가 보이지 않는다. 지금까지 바쁘게 살아온 것 같은데 나를 받쳐주고 막상 나를 지탱해 줄 지팡이가 보이지 않는다.

남이 나의 지팡이를 만들어 주기를 바라며 공짜나 행운의 지팡이가 주어지기를 어리석게 기대하며 살아왔다. 남의 지팡이가 되려는 생각도 못 했다. 지금까지 지팡이라고 믿어온 것들이 나의 지팡이가 아니었다. 돈 명예 건강 권력 가족을 아무리 붙잡아도 끝까지 잡아 둘 수 없는 지팡이들이다. 나의 무거운 짐을 남에게 맡길 수도 없는 노릇이니 허욕도 버리고, 쓸데없이 나서지도 말며, 즐겁게 배우며 소박하고 무겁지 않은 홀가분한 나에게 알맞은 지팡이로 걷고 싶다.

맛

맛이 있어야 즐겨 먹을 수 있다. 맛없는 것을 억지로 먹으려면 고통이 따른다. 즐겨 먹어 건강하고 행복함이 맛의 최대 목표이기도 하다. 입맛을 잃어 먹지 못하면 목숨까지 위험해진다. 일상은 맛을 좇아 이루어진다.

입맛이 먼저지만 입맛으로 만 살 수는 없다. 맛의 종류도 다양하다. 생활의 하나하나가 모두 맛과 연결되어 있다. 먹기 싫은 것을 억지로 먹어야 한다면 여간 고역이 아니다. 소태 같은 쓴맛을 원하지는 않지만 어쩔 수 없이 맛본 쓴맛 뒤의 단맛이 얼마나 귀한지를 알게 된다. 입에 쓴 약이 몸에 좋다는 말은 당장의 어려움이 고통일 수도 있지만 단맛의 소중함을 새삼 알게 한다. 맵고 짠맛에 단단히 혼이 나봐야 담백한 맛의 소중함도 알게 된다. 하기 싫은 일을 하는 것도 맛없는 것을 억지로 먹는 것과 다르지 않다. 맛있는 음식을 즐겨 먹는 것이 생명체를 유지

하는데 필수지만 삶 자체를 더욱 풍성하고 알차게 하기 위해서는 하는 일이 신나고 즐거우며 감칠맛 나야 한다.

즐겁고 아름다운 것을 보는 맛도 소중하다. 사람들과 대화를 주고받으며 음악을 듣고 자연의 소리에 빠져드는 맛도 무시할 수 없는 맛이다. 구경하는 맛도 있지만 참여하고 몸으로 직접 해보는 맛, 손맛도 소홀히 할 수 없는 맛이다. 음식을 먹든, 일이나 여가 활용이며 오락을 해도 맛이 있어야 오래 즐길 수 있다.

자기가 하는 활동을 통하여 보람을 맛보고 즐겁고 행복하여 날마다 희망이 가득한 살맛은 뭐니뭐니 해도 맛 중의 맛이다. 살맛을 마음껏 누리는 것보다 더 신나는 일이 또 있겠는가. 매일 매일이 살맛으로 충만한 사람보다 더 성공한 사람도, 더 행복한 사람도 없다. 깔끔한 살맛을 찾는 것이 우리들의 생활이고 꿈이다.

살맛이 있는데 죽을 맛인들 왜 없겠는가. 쓴맛이나 죽을 맛을 겪어보지 않았다면 맛을 제대로 안다고 할 수 없다. 경험하지 않고는 맛의 진수를 알기는 어렵다. 안다 해도 고통을 겪고 쓴맛을 단단히 맛본 것과는 다르고 쉽게 얻으면 쉽게 잊어버린다.

무슨 음식이나 어떤 일에도 그만의 맛이 있지만 참맛을 알기까지는 언제나 도사리고 있는 달콤한 유혹의 맛에 빠지지 말아야 한다. 유혹의 맛에 빠져 참맛을 잃고 유혹의 맛에서 벗어나지 못한다면 맛을 즐기는 것이 아니다. 맛의 노예가 되어 자신을 잃거나 나락으로 빠진다.

먹는 음식이나 자기가 하는 일의 참맛을 알아야 음식의 주인이고 일의 주인으로 싫증 없이 즐길 수 있다. 똑같은 일을 한다고 주인과 머슴이 같은 마음이라고 생각한다면 어리석은 주인이고 멍청한 머슴이다.

참맛을 안다는 것은 그 분야의 경지에 다다름을 뜻한다. 생활을 하고 활동을 한다는 것은 자기가 좋아하는 음식이나 일의 맛을 알아가는 과정이다. 참맛을 즐긴다는 것은 성공한 사람이고 삶을 즐기는 길이다. 산다는 것은 맛을 찾는 과정이다. 한두 번 맛을 봤다고 참맛을 안다거나 맛에 빠지거나 깊은 맛을 알기는 어려운 일이다. 클래식이나 판소리 몇 번 들었다고 고전 음악의 맛을 알 수 있는 일은 아니다. 홍어회로 상당한 눈물과 땀을 흘린 뒤라야 홍어회 참맛의 문은 열린다. 외국인이 우리 김치 몇 번 먹어보고 김치의 깊은 맛까지 알 수는 없다. 우리의 청국장이나 김치 맛을 모르면서 우리 음식을 알았다고 할 수는 없다. 음식이든 하는 일이든 참맛을 알기까지 시련과 땀을 흘려야 하지만 일단 맛을 즐기게 되면 쉽게 맛을 잊을 수도 없고 점점 깊은 맛에 빠진다. 하는 일이나 즐기는 음식의 참맛에 빠져 더 훌륭한 맛을 만들기도 하고 더 좋은 맛을 찾기도 한다. 음식이면 더 없는 입맛이고 일이라면 이보다 더 살맛 나는 일은 없다. 하는 일이 신나고 살맛이 난다면 또 무엇이 필요하겠는가.

즐겨 하는 일이나 좋아하는 취미가 있다면 그 분야의 맛을 안다는 의미이다. 즐겨 찾는 음식이 있다면 그 음식의 진짜 맛을 알기 때문이다. 참맛을 알고 좋아하는데 하는 일이 즐겁지 않을 수 없고 즐겨 하는데 능률이 오르지 않을 수 없다. 먹기 싫은 음식을 억지로 먹다가는 체하기 십상이요 싫어도 억지로 하는 일이 남보다 잘할 수 없고 남보다 잘못하는데 능률이 오를 리 없고 성공하기는 더욱 어려운 일이다.

다시 태어난다는 보장도 없는데 맛 기행으로 허송세월하기에는 허여된 시간이 너무 짧다. 남을 의식하기보다는 자기의 맛을 느껴야 한다. 짠맛 쓴맛 차고 뜨거운 맛도 때로는 필요하지만 맛 중의 맛인 살맛은 아무리 부러워도 남의 살맛을 내 맛으로 할 방법은 없다. 나의 맛을 다른 사람에게 그대로 전할 방법도 물론 없다. 스스로 맛을 느끼고 맛을 즐겨야 한다.

맛이 있고 없고를 따질 형편이 아니라 살맛이 뭔지도 모르고 무엇이든 닥치는 대로 허둥지둥 지내온 자신에게 너무 미안해 지금이라도 살맛을 찾아야겠다.

행복할 줄 아는 사람

행복이 가득해도 행복할 줄 모르면 행복은 없다. 행복이 찾아와도 곱게 맞이하지 않으면 행복은 머물지 않고 자취를 감추어 버린다. 떠나간 행복은 기다리지도, 되돌아오지도 않는다.

돌이켜 보니 늘 불행하다고 투덜대며 살아온 지난날 곳곳에 있었던 행복을 꿰지 못하고 많은 세월이 지난 뒤에야 누리지 못했던 행복이 한없이 아쉽다.

행복은 화려한 치장을 하고 오지는 않는다. 행복은 향기를 내거나 예쁜 빛깔로만 오지 않는다. 행복은 백마를 타거나 최신 고급 승용차에 실려 나타나지 않는다. 내미는 손끝으로도 오고 뚜벅뚜벅 걷는 발끝에도 오지만 약속을 하거나 미리 알리지도 않고 슬며시 나타났다가 슬그머니 사라진다. 행복은 봄나물 소쿠리에 담겨 있을 수도 있다. 잊고 있던 친구의 전화 목소리를 타고 오기도 한다. 시원하게 들이키는 한 잔의 물에도 있고 적당히 피곤한 잠자리에도 행복은 있다. 흔하지만 이름을 몰라 늘 미안해하던 풀이나 나무의 이름을 알게 되어 가까이 다가가 그의 이름을 부르면 향기에 젖고 행복에 젖기도 한다.

얼마나 행복하고 불행한가를 객관적으로 측정하는 방법은 없다. 행복을 즐기거나 행복의 무게를 재는 저울은 시장에서 팔지도 않고 누구에게 빌릴 수도 없으며 저울의 크기나 종류는 스스로 마련해야 한다. 넘치는 행복을 필요할 때 찾아 저축하려 해도 맡길 방법도 없고 맡아 주는 곳도 없다. 행복은 움켜쥔 모래나 누구도 잡아 두지 못하는 세월같이 한 곳에 머물러 주지도 않고 잡을 방법이 없다. 행복이 왔을 때 즐기지 않으면 행복의 주인이 될 수 없다.

지나치게 남을 의식하다 불행하지 않아도 될 일을 불행으로 떠안는다. 남의 일은 매일 닥치는 일이고 돌아서면 까맣게 잊어버린다. 이해관계도 없는 남의 일에 내가 신경 쓸 틈이 없듯이 남이라고 크게 다를 리 없다. 남은 관심도 없는데 과잉 대응은 몸도 마음도 지치게 해 행복의 주인이 못되고 불행의 싹을 키운다. 생활에 큰 불편이 없을 만큼의 경제력을 지녔으면서도 목표보다 적다고 불행하다면 불행의 늪에서 나올 방법이 없다. 누리고 있으면서 충분하지 않아 불행하다면 충분한 행복은 찾을 길이 없다. 늙는 것 때문에 불행하다면 너무 한가하기 때문은 아닌지 살펴볼 일이다.

비행기의 일등석을 타고 가는 사람을 보면서 일반석의 자신이 초라해 보이고 불행하다면 행복을 누릴 수 있는 기회는 그만큼 줄어든다. 이 지구상에는 자주 비행기를 이용하는 사람이라고 그 횟수만큼 행복하다는 보장은 없다. 일등석에 몸은 있어도 주어진 과제가 너무 버거워 일반석에 앉은 사람보다 심한 고통에 시달리며 괴로워하는 사람도 있을 수 있다. 한 번도 비행기를 타 보지 않아도 행복하게 지내는 사람이 어찌 없겠는가.

캐나다에서 유학하는 지인의 손자는 집안이 어렵지 않고 부모들이 권유하지 않은데도 집에 다니러 올 때는 직항편을 이용하지 않고 여러 비행기를 갈아타고 오간다고 한다. 번거로움과 오래 기다리는 고통을 감수하면서도 여행 경비를 절약하며 지루함과 기다림을 경험하고 누군가를 기쁘게 할 수 있어 행복해한다고 했다.

음식 중에 최고 맛있는 음식은 정말 배가 고팠을 때 먹는 음식이다. 배가 고프지 않아도 늘 산해진미를 먹는다면 먹는 즐거움을 모르듯이 항상 행복에 젖어 산다면 행복의 소중한 맛을 알기 어렵다. 행복은 행복할 줄 아는 사람에게 찾아간다. 행복은 저절로 오지 않는다. 늘 최고급 음식을 먹어 제대로 맛을 모르거나 알기 어렵듯이 저절로 얻은 행복으로는 행복의 참맛을 알기 어렵다. 노력하고 고생해서 얻는 행복, 기다리다 얻는 행복이라야 배고플 때 먹는 음식처럼 소중한 맛을 알게 되고 온전히 누릴 수 있다.

내세울 가문도 기술도 재주도 없고 부자도 아니며 그렇다고 자수성가도 못 해봤고 명예를 누리지도 봉사도 헌신도 못 해본, 그야말로 남들 보기에는 답답하고 초라하다고 느끼는 수많은 사람들에게도 그 만의 소중한 행복은 있다. 나는 어느 순간 어떤 행복을 누렸을까. 나의 조그마한 노력에도 즐거워하시는 부모님을 바라보며 행복했다. 나를 믿어주는 친구가 있어 행복했다. 어려운 가정 형편인데도 직장을 못 구하다가 공무원 시험에 합격했을 때 가정에 행복의 싹을 틔울 수 있겠다는 생각에 행복했다. 아이들이 태어날 때 행복했다. 오랫동안 셋방 신세를 벗어나 작은 집을 마련했을 때도 한동안 행복을 맛보았다. 나를 행복한 사람으로 만들어 준 사람들과의 순간도 잊지 못하는 행복이었다. 오래전 직장동료와 이야기를 주고받다 나의 어쭙잖은 말이 누군가를 기쁘게 또 슬프게 할 수 있음을 깊이 새겼다. 나는 그의 대단한 상사도 아니었지만 각자의 직분을 지닌 인격체이기에 단순히 나이가 많거나 직급이 매우 높지 않아도 누군가를 기쁘게 했고 그의 기뻐하는 모습에 한순간 오히려 내가 고맙고 행복했다.

내가 한 언행에 상대가 불쾌해하면 내가 행복해질 기회는 그만큼 줄어든다. 내가 행복할 수 있는 터전은 내가 마련해야 한다. 남이 나의 행복을 챙겨주기를 기대한다면 행복해질 기회는 그만큼 줄어든다. 작은 행복에도 행복해하고 막연히 기다리지 말고 행복하기 위해 노력해야 한다. 행복해도 행복인 줄 모른다면 행복은 어디에도 없다.

일 년 내내 폭풍이 불지 않듯이 폭풍 같은 엄청난 행복을 매일 만날 수는 없다. 평범함 속에 잔잔한 행복에 감사해야 한다. 작은 배려가 누군가를 행복하게 하고 덤으로 자신도 행복할 수 있음을 아는 사람은 정말 행복할 줄 아는 사람이다. 신도 해결할 수 없는 몫까지 해결하려고 불행의 늪에 빠질 일이 아니다. 행복은 행복할 줄 아는 사람의 몫이다. 행복한 사람이 많아 나도 행복한 사람들 속에서 행복하게 살고 싶다. 지금이라도 행복의 씨앗을 뿌리고 가꾸면서 작은 행복도 놓치지 않고 싶다.

끈

물건을 묶거나 연결하는 끈이나 줄은 단순하지만 쓰이지 않는 곳이 없어 언제나 우리들 가까이 있다. 끈과 줄은 크게 다르지 않다. 비교적 짧으면 끈이고 길면 줄이다. 끈이 없는 세상은 생각할 수 없다. 끈은 낱개를 묶는 데 주로 쓰고, 작은 것을 묶어 크고 단단하게 만든다. 끈은 문명의 발달과 함께 성능, 기능, 사용처도 다양하게 발전해 왔다. 농작물을 묶고 가축을 기르고 일을 할 때도 끈은 필요했다. 허리에 매는 것도 끈이고 병원에서 상처를 묶는 것도 끈이며 기차의 길은 철끈, 전기에는 전깃줄, 통신은 광선줄 이런 식이다.

끈의 재료로는 예로부터 칡 같은 식물의 줄기나 껍질부터 짚이나 마麻가 많이 사용되었다. 점점 용처가 넓어지면서 더욱 편리하고 강한 끈이 필요해져 그 재료도 다양해졌다. 현대에는 섬유질의 끈 외에도 신소재로 끈과 줄을 만든다. 석유화학 소재의 끈이나 줄은 일상생활을 넘어 공업이나 의료, 첨단산업 분야로 점점 용도를 넓히고 있다. 묶기도 하고 놀이 기구로도 사용하며 수술 도구도 되고 옷감이 되기도 한다. 눈에 보이지 않을 만큼 가는 줄도 있지만 현수교 다리를 매는 강철 줄처럼 아름드리의 굵디굵은 줄도 있다. 섬과 섬, 섬과 육지를 이어주는 다리도 따져보면 강판이 아니라 현수교를 잇는 길고 강한 겹겹의 강선이다. 줄은 사람만 만드는 것도 아니다. 누에는 실끈으로 튼튼한 집을 만든다. 거미에게는 거미줄이 생명의 줄이다. 가늘지만 인간이 만든 끈보다 강해 연구 대상이기도 하나.

끈의 사용처와 역할이 넓어지고 커질수록 끈으로 인한 아픔도 많다. 줄이 끊어지고 떨어져 마음을 상하고 큰 사고가 나기도 한다. 다리를 버티는 줄이 끊어져 목숨을 잃는 비극도 생겨난다. 줄이나 끈의 이용 가치가 높으면 높을수록, 많이 활용하면 할수록 위험도 늘어나지 않을 수 없다.

사람이 여럿이 늘어서도 줄이다. 일이 잘 풀리면 줄을 잘 섰다고도 하고 처신이 어려워 고통을 받게 되면 줄을 잘못 섰다고 하는 것을 보면, 보이지도 않는 줄이 우리들 마음에 자리 잡고 있다. 문제는 사람의 마음을 묶는 끈이란 너무 미묘한 개념이라 웬만한 사람은 이해하기가 어렵다. 누가 누구랑 어떤 끈이나 줄에 묶여있는지도 잘 알 수 없지만 나 자신이 어떤 줄이나 끈을 잡으려 하는지, 내가 잡고 있는 이 줄이 무엇인지 지금 나는 이 줄을 잡고 있는지 당기고 있는지 심지어 끌려가는지 도통 알기가 어려운 것이 줄이고 끈이다.

사람과 사람 사이, 나라와 나라 사이에도, 사람과 동물 사이에도, 사람과 기계 사이에 보이는 끈 외에 보이지도 만져지지는 않는 무수한 끈이 존재한다. 부모 자식, 형제로 태어나고 만나는 것은 핏줄이고 혈육의 끈이다. 이웃이 되고 시민이 되고 국민이 되는 것도 끈이고 줄이다. 우정이라는 이름의 끈, 이웃이라는 끈이 생기고 동창 동기라는 이름의 끈은 튼튼하고 느슨하고의 차이는 있을지는 몰라도 이 모두가 연결되어 있는 끈이고 줄이다.

그런데 싫든 좋든 사람들은 끈을 만들고 줄을 잇고 끈을 자르고 끊기도 한다. 끈이나 줄에 대한 저마다의 생각도 다르다. 때문에 인간사에 눈물이 생기고 분쟁과 갈등이 만들어지고 수습할 수 없는 비극이 생긴다. 눈에 보이지 않은 끈 때문에 오히려 더 많은 일이 벌어진다.

원하지 않아도 끈에 연결되기도 하고 스스로 원해서 끈에 묶이려고 하는 경우도 참으로 많다. 줄은 내가 끊을 수도 있지만 내가 원치 않아도 끊어지기도 한다. 줄을 잡고 싶지만 아무리 노력해도 손에 잡히지 않기도 하고, 줄을 놓기 싫어 악을 써도 줄이 떨어져 아픔과 상처를 남긴다.

줄은 혼자 활용하기도 쉽지 않다. 줄은 양쪽으로 적당한 힘으로 잘 당겨줘야 제대로 이어주고 연결할 수 있다. 끈도 그냥 있어서는 제대로 역할을 다할 수 없다. 끈의 최대 활용은 마무리고 묶음이고 매듭이다. 끈으로 제대로 묶고 마무리하듯이 우리의 일상도 하나하나 잘 엮고 묶고 풀어야 한다.

새롭게 만드는 것 외에도 이미 만들어진 끈이나 줄을 아름답게 하고 활용도를 높이는 일이 값진 일이다. 자기의 능력에 알맞은 줄이라야 한다. 자기가 감당할 수 없을 만큼 굵어도 안 되고 용도에 비해 너무 가늘고 잘 끊어져도 구실을 할 수 없다. 자기가 주체할 수 없을 만큼 길어도 감당이 안 된다. 자기 능력보다 너무 굵으면 사용하지도 못하고 오히려 짐이다. 감당하지 못할 만큼 길면 활용은 고사하고 끈에 감기고 얽히며 헝클어져 고통이 된다. 끈이나 줄은 일상생활에 꼭 필요하지만 제대로 사용하지 않고 잔꾀를 부리고 욕심을 부리면 제대로 활용은 고사하고 자신을 옭아매는 올가미가 되고 짐이다. 끈은 묶는 역할이지만 필요에 따라 풀어야 할 때도 있다. 줄은 서로 이어주지만 적당한 길이로 자르기도 해야 한다. 묶고 풀 때를 놓치면 후회와 아픔이 생긴다. 줄을 잡아야 살 수도 있지만 놓아야 살 수도 있다.

돌아보면 나의 지난날은 참으로 많은 끈과 줄로 자신을 옭아매어 왔다. 나는 점점 이 끈에서 벗어날 때가 가까워져 온다. 묶여있어 편하다고 언제까지 묶여만 있을 수 없다. 아무리 좋은 끈이나 줄이라도 언제까지 잡고 있을 수는 없다. 줄을 놓아야 할 때가 되면 놓아야 한다. 끈을 끝까지 놓지 않을 힘이 인간에게는 주어지지 않았다. 이 세상에 머무는 동안 최선을 다하고 아름답게 산 사람만이 홀가분하게 모든 끈이나 줄에서 자유로울 자격이 있다.

끈에 너무 얽매이면 자기자신이 없고, 끈이 너무 없어도 무미건조하다. 늙는다는 것은 끈과 줄로부터 멀어지는 일이다. 나뭇잎이 단풍이 들면 가지의 끈을 놓듯이 그렇게 원했던 끈이나 줄은 때가 되면 놓아야 한다. 모든 끈이나 줄로부터 점점 멀어지고 있는데 나의 역량보다 더 많은 끈에 묶여 잡은 줄을 놓지 않으려는 타인같은 내가 야속하고 안쓰럽다.

이름을 부르자

세상에 아름답지 않은 꽃은 없다. 들길을 가고 산길을 걷다 보면 가꾸지 않아도 철 따라 아름답게 피어나는 수많은 꽃들을 만난다. 무리 지어 피기도 하고 한 포기 두 포기씩 외롭게 자리 잡은 꽃도 있다.

김춘수 시인의 시 〈꽃〉을 좋아하는 나는 꽃과 나무의 이름을 더 많이 정답게 불러주고 싶다. 먼저 가까이 다가가서 이름을 불러주지 않으면 의미 없는 꽃이 되고 아름다움도 향기마저 느끼지 못한다. 관심을 가지지 않으면 사람뿐만 아니라 꽃도 가까이 다가오지 않는다.

그 이름을 사랑스럽게 불러주었을 때 진정 아름다운 꽃이 된다. 꽃의 이름을 몰라 최선을 다해 피운 꽃들의 이름을 불러주지 못한다면 안타깝고 꽃에게 정말 미안한 노릇이다. 누가 봐주고 안 봐주고 상관없이 조건을 탓하지 않고 주어진 환경에서 최선을 다한 모습이 얼마나 아름다운가.

우리 땅에서 자라는 식물들이 대략 4,500여 종 정도라 한다. 그 이름 모두를 다 알기는 어렵겠지만 900여 종은 늘 우리들 생활 주변에서 쉽게 만날 수 있다니 애정과 관심을 기울여 더 사랑받는 꽃나무가 되었으면 한다.

꽃과 나무를 가까이하고 이름을 불러주면 더 아름답고 더 많이 즐겁고 사랑하게 되며 감동을 받는다. 꽃으로부터 누릴 수 있는 행복과 즐거움의 기회를 그만큼 잃지 않으려면 이름을 불러주고 가까이 다가가는 수고를 아끼지 말아야 한다. 꽃 이름을 불러주는 것은 꽃이 좋으라고 부르는 것이 아니라 꽃 이름을 불러주는 사람이 더 많은 감동을 받기 때문이다.

야생화 전시회에 가서 이름들을 적어보고 전문가의 설명을 듣는다면 꽃과 가까워질 수 있는 좋은 기회가 된다. 야생화에 이름표를 달 수는 없지만 될 수 있으면 더 많은 사람들이 꽃과 나무의 이름을 알 수 있도록 자기가 가꾸고 돌보는 꽃과 나무만이라도 이름을 표기하는 수고를 아끼지 말았으면 한다. 아름다운 꽃을 보고도 이름을 불러주지 못한다면 꽃에게 정말 미안한 노릇이다.

전문가들이나 심고 가꾸는 사람들이 이름을 안다고 모두가 알 것으로 짐작해서 이름표를 붙이지 않는지 몰라도 꽃 이름을 아는 사람보다 모르는 사람들이 많다. 꽃을 사랑하는 마음은 먼저 꽃 이름을 아는 것으로부터 시작한다. 어른들은 아이들과 함께 꽃을 보는 기회가 있다면 그 꽃 이름을 가르쳐 주어야 한다. 많은 사람들이 다니는 길가에 있는 나무나 꽃의 이름을 불러준다면 꽃이나 나무와 가까워질 기회가 된다.

꽃은 사람들의 마음을 꽃처럼 예쁘게 해준다. 꽃 이름을 표기하는 것은 꽃을 사랑하자는 요란한 구호보다 더 효과적이다. 꽃밭에 들어가지 말라는 말보다 더 효율적으로 꽃을 보호하는 방법이 우리들의 마음에 꽃 이름을 새기는 일이다.

마음에 없으면 보이지 않듯이 산과 들에 꽃이 피어 있어도 이름을 모른다면 잘 보이지도 않고 보인다 해도 제대로 아름다움이 전해지겠는가. 꽃을 보고도 꽃이 피었구나 할 때의 느낌과 달리 꽃의 이름을 불러주며 다가갔을 때는 엄청난 기쁨이 가슴 가득 차오른다.

작고 나약한 제비꽃이지만 가냘픈 몸짓으로 최선을 다한 갸륵한 정성에 격려의 박수를 보내야 한다. 이기대 해맞이 동산에 여름이 되면 시나 노래에 자주 나오는 해당화가 흐드러지게 피어도 해당화를 아는 이가 많지 않다. 해당화를 알고 나서 시를 읊고 노래를 부른다면 또 다른 감칠맛이 나지 않겠는가.

제비꽃 너 참 아름답게 피었구나! 하며 따뜻한 눈길을 주고 길가에 흔한 민들레지만 이름을 불러준다면 앙증맞은 몸짓과 얼굴로 우리들 가슴이 따뜻해진다.

봄철 산기슭을 온통 노랗게 물들이는 산수유의 이름을 불러준다면 부르는 이의 가슴을 노란 꽃물로 차오르게 해준다. 소복을 입은 듯이 하얗게 핀 꽃의 이름을 모른 채 지나치는 이에게까지 감동을 주지 않지만 꽃은 이름을 불러주는 순간 부르는 이의 꽃이 되고 가슴은 또 다른 감동의 순간을 맞는다.

파란 보리밭과 대조를 이루면서 들녘을 붉게 물들이는 자운영이라도 좋고 가시가 있는 찔레꽃이나 아카시아라도 그 이름을 부르면 부르는 이의 가슴은 아름다운 꽃물이 들고 꽃향기마저 넘쳐나게 해준다.

난이나 장미꽃도 아름답지만 도둑놈갈고리처럼 이름은 험상궂어도 무리지어 피는 분홍색 꽃은 부르는 이의 꽃이 되어 가시는 부드럽고 훨씬 더 아름답게 다가온다. 사랑받느니보다 사랑하는 게 더 행복하다는 시구처럼 불러주는 사람이 더 행복하다.

꽃을 선물 할 때 축하 리본에 꽃 이름을 적거나 꽃집에 부탁해 꽃 이름을 적어 보낸다면 꽃을 보낸 효과는 훨씬 높아지고 꽃은 두고두고 사랑을 받는다. 내가 받은 꽃이 무슨 꽃인지도 모를 때보다는 이름을 알면 꽃과의 거리는 훨씬 더 가까워진다. 난도 춘란인지 한란인지, 소심인지 보세인지, 춘란도 한두 가지가지가 아니며 보세며 소심인들 얼마나 다양한가. 가꾸는 난의 이름을 몰라 궁금하고 난에게 미안해서 더 가까이 다가가지 못해 틈이 생길 수 있다.

자줏빛 분꽃의 이름을 부르면 정말 분 냄새가 나고 보랏빛 나팔꽃에서 금방 아름다운 노래가 흘러나오도록 정답고 사랑스럽게 꽃과 나무의 이름을 부르자. 나의 행복을 위하여.

틀림과 다름

자기의 주장과 다르면 상대가 틀렸다는 생각부터 먼저 한다. 다름을 인정하지 않고 상대가 틀렸다고 해서 갈등과 분쟁이 일어난다. 틀림은 맞고 그르고의 기준이다. 수치나 이치에 또 다른 답이 있을 수 있다면 틀린 것이 아니고 다름이다. 하나의 답뿐인데 둘이라면 한쪽이 틀린 것이지만 답이 여러 개 있을 수 있다면 분명 틀린 것이 아니라 다름이다. 다름은 사건이나 형상에 다양한 형태나 생각이 있는 경우이다.

자기와 같음을 공유하고 있다고 무리를 만들고 자기와 다르다는 이유로 시기하고 질투한다. 틀림은 바르게 고칠 수 있다. 다름은 하나의 현상을 여러 각도에서 볼 수 있는 경우다.

자기가 알든 모르든 간에 실제로 여러 형태가 있고 또 있을 수 있다면 서로의 주장이 틀린 것이 아니라 다른 것이다. 틀린 것이 아니라 다르다면 다름을 인정하는 것이 다름 간의 분쟁을 해결하는 방법이다. 분명한 다름을 틀림이라고 믿고 자기주장대로 한다면 시비가 일어난다.

틀림과 다름은 어떻게 다르며 어떻게 분별해야 하는가. 산의 높이나 강의 길이 같은 것은 이미 정해진 수치가 있다. 이것을 각각 다르게 말한다면 어느 한쪽이 틀린 것이고 바로 잡을 수 있다. 서로 확인 후 틀린 쪽이 틀림을 인정하는 것이 순리고 분쟁해결의 순서다. 두 쪽이 서로 인정하지 못하면 제 3자가 수치를 근거로 분쟁 조정이 가능하다. 다름은 틀림과 달리 당사자는 물론 조정자도 조정이 어렵다.

정보가 제한되거나 부족하면 다름을 틀림이라고 믿는 경우가 생긴다. 권력자나 야심가들은 분명한 다름을 틀림이라고 선동해서 야욕의 마수를 뻗쳐 엄청난 희생이 일어난다. 다름은 다름을 주장하는 당사자는 말할 것도 없고 누가 중재를 하고 개입해도 어느 한쪽이든 승복하기 어렵다. 다름은 서로 인정하는 것이 분쟁과 갈등을 해결하는 길이다. 하나와 하나의 합이 둘이라고 하는 쪽과 셋도 되고 넷도 된다고 주장한다면 다름이 아니고 틀림이다. 하나밖에 없는데도 여러 개 있다고 주장한다면 틀림이고 여러 개 있음에도 하나뿐이라고 우긴다면 다름을 인정하지 아니하는 틀림이다.

바다의 빛깔이 푸르다고 한다. 누른빛이라고 하고 또는 붉은색이라고 한다면 틀림이 아니고 다름이다. 코발트 빛깔의 바다를 본 사람은 코발트 빛깔이라고 할 수 있고 늘 황토색의 누런 바다만 봐 왔다면 누른빛이라고 할 수 있다. 적조현상으로 붉게 물던 바다를 본 사람은 붉은빛이라고 해서 틀린 것은 아니다. 바다의 빛깔은 상황에 따라 지역에 따라 변하는 데도 자기가 생각하는 빛깔과 다른 주장을 하는 사람의 다름을 인정하지 않고 틀렸다고 하는 것이 문제이다. 파란빛만이 바다의 빛이고 붉거나 누런빛을 인정하지 않는 것이 분쟁의 요소이다. 여러 빛깔의 바다가 있을 수 있음에도 각자의 빛깔만을 고집하는 것은 틀림이고 다른 빛깔을 인정하는 것은 다름의 인정이다.

보수는 진보가 틀렸다고 하고 진보는 보수가 틀렸다고 한다. 틀린 것이 아니라 서로 다를 뿐이다. 틀렸다고 서로 주장하니 해결의 길이 보이지 않는다. 서로는 다름을 인정해야 한다. 보수와 진보는 자신들의 이념과 사상이 삶의 질을 높일 수 있다는 믿음에서 출발한다. 다툴 것이 아니라 자신의 우월함을 더 효율적으로 설명하고 실천해서 국민의 선택을 받아야 한다. 틀렸다고 상대방을 공격해도 말살되지도 않고 원하는 대로 해결되지 않는다. 심판은 다수의 국민이 하고 국민의 선택에 겸허해야 한다. 국민이 선택하지 않은 권력에 의한 독재는 반드시 멸망한다.

세상에는 많은 종교가 있다. 특정 종교만 있어야 하고 타교는 전혀 인정하지 않는다면 틀림이고 다름을 인정하지 않는 불통의 집단이다. 타교를 인정하는 것은 틀림이 아니고 다름의 인정이다. 특정 종교만이어야 한다는 욕심이 수많은 종교전쟁을 유발하고 고통과 희생의 아픈 역사를 만들었다. 자기 세력을 과시하거나 또 자기들의 이익을 위해 다른 집단의 희생을 강요하는 무리한 수단이다. 많은 분쟁과 갈등은 다름과 틀림을 구분하지 않아서 일어난다. 다름을 틀림이라고 믿어 바로 잡으려 하니 해결의 끝은 보이지 않는다. 다름과 틀림을 분명히 구분해야 한다. 다름을 틀림이라고 하면 다름의 현상이 사라지지 않는 한 문제는 해결되지 않는다. 틀림은 바로 잡아야 하지만 다름은 억지로 없애지 않아도 효율적이지 못하거나 선택받지 못하면 스스로 사라지게 된다.

틀림을 스스로 인정하기는 쉬운 일이 아니다. 하물며 다름을 틀림이라고 우긴다면 수긍은 어렵고 분쟁의 씨앗이 된다. 다름을 이해하고 인정하는 사회는 그만큼 성숙한 사회다. 비단 집단이나 국가 간의 문제뿐만 아니라 개인이나 가족 간에도 다름을 틀림으로 알고 바로 잡는다는 구실로 분쟁은 끝이 없다. 사람들은 자기의 주장과 다르면 상대방이 틀렸다고 믿는다. 자기의 생각이 사실이나 객관적인 판단이기보다 주관적인 경우에도 자기의 의견을 굽히려 하지 않는다. 서로 틀렸을 경우보다 서로 다른 경우가 대부분이다. 오늘 하루도 다름과 틀림을 구분하지 못해 수많은 자충수를 둔 나의 하루가 부끄럽게 저물고 있다.

내가 좋아하는 수필

나는 어쩌다 수필가라는 이름을 얻었다. 수필을 잘 알지도 잘 쓰지도 못하지만 수필을 좋아한다. 멋진 수필, 감동적인 수필을 만나면 마치 내가 쓴 것만큼 기쁘고 반갑다. 나는 수필 읽기를 좋아한다. 수필을 읽으며 공감하고 같이 웃고 함께 눈물을 흘릴 수 있어 그렇다. 수필의 단편 속성은 장편 소설을 읽는 인내심이 부족한 나에게는 너무나 감사한 일이다. 그래서 다른 장르보다 수필을 좋아한다. 가끔 원고 청탁에 떠밀려 글을 쓰고 보면 영혼 없는 수필이 되는 경우도 있다. 수필 한 편을 읽는 데는 십오 분에서 이십 분이 걸린다. 허투루 낭비해도 좋을 만큼 절대 짧지 않은 소중한 시간이다. 혹시라도 독자님이 내 감동 없는 수필을 인내하며 읽어주었다면 미안한 일이다.

감동적인 수필을 만나면 행복하다. 웃음을 주는 수필은 같이 웃고 그 시간이 즐겁고 행복하다. 심금을 울리는 처절한 삶의 흔적을 느낄 때는 같이 울고 아낌없는 박수를 보낸다. 수필 속으로 빠져든다. 시간을 투자해서 만난 알찬 수필을 쓴 작가에게 감사하는 마음이다. 반대로 그렇지 못한 경우도 있는데 글을 읽는 동안 내 부족한 인내심을 시험하게 되고 때로는 귀중한 시간을 도둑맞은 느낌이 들기도 한다. 가끔은 끝까지 읽는 것을 포기하는 경우가 전혀 없는 것도 아니다.

발표되는 수필이 모두 걸작이면 좋겠지만 무엇을 말하려는지 무엇을 읽었는지 아무런 감흥이 없다면 쓴 보람도 읽는 보람도 없다. 뭐니 뭐니 해도 읽을 맛이 나는 수필이어야 한다. 다시 읽고 싶다면 훌륭한 수필이고 성공한 수필이다. 재미도 없고 감동도 없으며 웃음조차 없으며 교훈도 없어서 이것저것 관심도 없는 시든 나물들로 잔뜩 전만 벌려놓고 팔 것도 살 것도 없는 형편이면 필자는 장사는 고사하고 본전조차 찾을 길이 없다. 대단한 실력자라도 자기 자랑으로 가득 채워 쓴 글이라면 성공적인 수필은 되기 어렵다. 자랑할 것은 확대경으로 갖다 댈 것이 아니라 향을 싼 종이처럼 은은히 내비쳐야 독자가 참기도 하고 속아 줄 맛이 나지 않겠는가. 어렵게 출발해서 성공하는 과정을 기록했다 하더라도 과시하는 모습이 지나치면 감동은 사라진다. 다 아는 이야기를 자기만 알거나 처음 있는 일이라도 되는양하다가는 짧은 밑천만 드러내고 만다.

수필은 진솔한 자기 고백의 문학이다. 수필로 교류의 기회가 생기고 서로의 인품도 알게 되기도 한다. 글은 곧 그 사람이다. 수필이 곧 그 사람일 때 믿음이 생긴다. 글 따로 사람 따로인 작품을 만나면 정말 배신당하는 기분이다. 예를 들면 평소 성격이 급하고 자주 트러블을 일으키는 사람이 자기의 성격과는 상반되는 인품에 관해 쓴 글이라면 그 사람을 어떻게 받아들여야 할지 당황스럽다. 평소 많이 베풀라는 글을 자주 발표하면서 정작 자기는 베풀 줄 모른다면 차라리 베풀라는 작품을 쓰지 않은 사람이 훨씬 인간답지 않겠는가. 자기 친족 간에는 엄청난 갈등을 겪고 싸우면서 글에서는 최상의 도덕군자인 양 행세하고 서로 용서하고 너그러워야 한다는 수필을 만나면 속이 메슥거린다. 그것이 소설이고 콩트이고 희극이라면 몰라도 적어도 수필만은 소설도 희극이 아니지 않은가. 자기 고백이고 자기성찰을 바탕으로 형성되는 문학이고 수필만의 특색이기 때문이다.

기행 수필이라 해서 몇 시 몇 분에 출발해서 몇 시 몇 분에 도착했다는 내용은 사실 독자들에게는 그다지 중요하지 않을 때가 많다. 여행 스케줄 같은 내용은 여행사에서는 매우 중요한 사항이겠지만 여행 일정표처럼 되어서는 감동을 주는 수필과는 거리가 멀다. 원고량을 충족시키기 위해서가 아니라면 생략하는 것이 독자를 위하는 길이다. 과도한 정보는 오히려 수필이 사랑받을 기회를 잃게 한다.

예를 들어 나이아가라 폭포에 관한 수필이라면 나이아가라 폭포가 왜 감동을 주고 왜 대단한가를 놓쳐버린 독자에게 수필가의 개성이 담긴 문장과 감상으로 생생하게 전달해주는 것이 중요하다. 바람이 거세게 불고 물보라가 친다는 문장으로 행간을 채우는 것은 생각해 볼 일이다. 독자가 흥분하는 것이 아니라 작가 혼자 흥분한다면 성공한 수필일까. 우리들이 모르는 세계, 미처 느끼지 못한 감상, 문화적 가치와 존재의 의미에 색다른 생명을 불어넣는 것이 수필가의 몫이다. 강을 묘사한다고 강물이 흘러간다는 것만으로 감동을 주는 경우는 드물다. 꽃이 아름답다, 산이 웅장하나는 설명만으로는 무슨 감동을 주겠는가. 그 산만이 가진 특색, 그 강만이 가진 역사적 배경과 아름다움, 그 꽃이 간직한 사연이라도 있어야 하지 않겠는가.

수필은 누구나 쓸 수 있다고 해도 내용이 산만한 광폭狂暴 수필도, 내용이 이쪽저쪽 건너뛰는 과속 수필도 아니며 그렇다고 규정 속도를 무시하고 한자리에서 뱅글뱅글 도는 느림보 수필도 진정한 수필이 아니다. 수필은 미사여구로 되는 글이 아니다. 진심이 담긴 글, 순수함이 녹아 있는 수필을 나는 좋아한다.

수필은 낡은 글이라는 주장이 있는 것도 사실이지만 주장이나 이론보다는 진솔한 감동을 주는 글이라야 좋은 수필이고 사랑받는 수필임을 잊지 말아야 한다. 그러므로 수필가는 최선을 다하여 좋은 작품을 발표해야 한다. 붓 가는 대로 쓰는 것이 수필이라고 안주하고 수필에 대한 책임감을 통감하지 않으면 수필의

앞날은 없다. 수필은 누구나 쓸 수 있지만 아무렇게나 쓰는 글은 아니다. 좋은 수필은 몇 번이고 다시 읽고 싶은 수필이다. 진정한 감동의 힘이 수필의 힘이다.

피천득 선생님의 수필 〈인연〉을 현대 수필이 아니라고 말하는 분들이 있지만 선생님의 수필만큼 감동을 주는 수필을 한 편이라도 쓴다면 성공한 수필가다. 감동을 주는 수필을 쓰고 싶고 감동을 주는 수필을 읽고 싶다. 나는 오래오래 가슴을 따뜻하게 해주는 수필이 좋다.

남을 보는 눈 나를 보는 마음

동일한 일이나 내용이라면 남이 하든 내가 하든 같은 취급을 해야 하고 같은 느낌이어야 함이 마땅할진대 똑같은 일을 두고도 내가 할 때와 남이 할 때가 너무나 다른 판단으로 다툼이 벌어지는 것은 어쩔 수 없는 일인가. 내가 하면 로맨스요 남이 하면 불륜으로 여겨지는 것이 정상일까 병일까?

남이 땅을 사고 집을 사면 불법 부동산투기를 하는 것이고 내가 집과 땅을 구입하는 것은 현명한 경제활동이고 정당한 투자며 재테크다. 남이 세금을 적게 내거나 내지 않으면 탈세를 하는 것이고 내가 세금을 줄이거나 내지 않는 것은 절세이다. 남이 큰 위험을 감수하는 것은 무모하고 무지한 만용이지만 내가 나서는 것은 도전 정신이며 모험과 개척정신이다. 다른 사람이 과속하고 신호를 무시하는 것은 교통법규 위반이지만 내가 하는 것은 예술이고 요령 운전이자 차량 소통을 위한 배려이다.

남이 술을 많이 마시면 술주정뱅이거나 알코올 중독자지만 내가 술을 많이 마시는 것은 멋을 알기 때문이고 삶을 즐길 줄 알기 때문이다. 남이 피하거나 참으면 비겁한 행동이고 내가 피하고 참으면 관용이며 대범이다. 남이 법망을 피해 나가면 범법자지만 내가 그렇다면 능력이 뛰어나고 탁월하며 용의주도한 것이다. 남이 지출을 많이 하면 씀씀이가 헤픈 탓이고 과소비이지만 내가 지출을 많이 하는 것은 품위 유지이고 마음이 넉넉하기 때문이다. 남이 아끼고 절약을 하면 구두쇠이고 노랭이고 자린고비이지만 내가 아끼는 것은 근검절약이다. 남이 차례를 어기고 끼어들면 얌체이고 새치기지만 내가 차례를 지키지 않고 끼어들면 재치이고 순발력이다.

남의 글은 수준 미달의 잡문이고 내가 쓴 글은 명작이고 수준 있는 작품이다. 남이 직무와 관련하여 금품을 수수하면 뇌물이고 불법이지만 내가 받은 것은 성의이고 선물이며 호의의 예이고 감사의 표시이고 관례일 뿐이다. 남이 거주하지 않으면서 주민등록지를 옮기면 위장전입이지만 내가 거주하지 않으면서 옮긴 주소지는 합법이다. 남이 강이나 바닷가에서 수석이나 식물을 채취하면 환경파괴범이지만 내가 하는 채취는 탐색이고 취미일 뿐이다. 남이 하는 고스톱과 카지노와 경마는 도박이지만 내가 하는 화투와 경륜과 경마는 여가선용이고 오락일 뿐이다. 남들이 무리를 지어 노래를 하고 춤을 추면 볼썽사나운 추태고 고

성방가이지만 내가 춤을 추고 노래를 하는 것은 멋이고 낭만이다. 남이 하는 촌스러운 행동은 저질이지만 내가 하는 촌스러운 행동은 순수이며 예술이다.

남이 하는 시비는 과민반응이거나 과잉대응이지만 내가 하는 것은 어디까지나 잘잘못을 바로 잡는 일이고 정당방위이다. 남이 나의 잘잘못을 따지고 지적하면 편협하다 비판하고 내가 남의 잘못을 지적하면 정의이고 예리함이다. 남이 음식을 가리고 음식 타박을 하면 옹졸하고 몰상식한 사람이고 입맛이 까다로운 것이고 내가 음식을 타박하고 편식을 하는 것은 음식 맛을 아는 미식가에 식도락가이기 때문이다. 남이 잘 차려입으면 허영심이 많고 사치며 낭비가 심한 사람이고 내가 잘 차려입으면 품위 유지며 멋이고 개성이다.

남이 온순하면 나약한 것이고 내가 온순하면 겸손한 것이다. 남이 누군가에게 특별히 잘해주는 것은 아부고 내가 남에게 잘해주는 것은 친절이고 순수한 배려일 뿐이다. 남이 시골에 집을 사면 부동산투기이고 별장이 되지만 내가 시골에 집을 사면 전원주택이고 주말농장일 뿐이다. 남들이 모여서 하는 단체행동은 집단이기주의이고 자기들이 모여서 하는 단체행동은 단합이며 단결이며 정당행위일 뿐이다.

남들이 하천에서 물고기를 잡으면 불법어로요, 생태계 파괴행위이지만 내가 하면 천렵이고 오락일 뿐이다. 남이 일을 할 때

오래 걸리면 게으른 탓이고 내가 시간이 오래 걸리는 것은 꼼꼼하고 신중하기 때문이다. 남이 자기주장을 하면 성질이 나쁘고 편협한 것이고 내가 내 의견을 주장하면 솔직하고 정의감이 높은 것이다. 남이 성공하면 재수고 요행이지만 내가 성공한 것은 오직 재능과 노력이 있었기 때문이다.

역지사지하며 남을 보는 눈과 마음으로 나를 살피는 날이 많기를 기대한다.

2 부

먼저 간 친구들

뜬금없이 먼저 간 친구들이 생각난다. 옛 모습이 떠오르고 보고 싶고 그립다. 언제까지 가까이 있을 것 같던 친구들이 갖가지 이유를 남기고 다시는 만날 수 없는 먼 곳으로 가버렸다.

가벼운 부탁마저도 능력이 없다거나 귀찮고 바쁘다는 갖가지 구실로 거절한 일들이 너무 죄스럽다. 연락할 방법도 없고 연락이 올 리도 없다. 먼저 간 친구들이 때도 장소를 가리지 않고 내 의지와 상관없이 꽃이 피고 바람이 스치듯 문득문득 떠오른다. 생전에 불쑥불쑥 찾아간 것처럼 우연히 길거리에서 마주치는 것 같이 먼저 간 친구들의 옛 모습이 아련하다. 먼저 간 친구들과 비슷한 모습을 보거나 버릇이나 목소리가 비슷해도 친구들이 생각나지만 아무 생각 없을 때도 불쑥불쑥 떠오른다.

며칠 전까지 멀쩡하게 만났던 친구의 부음을 또 받았다. 배탈이 나서 입원하고 사흘 만에 패혈증으로 떠나다니 믿어지지 않는다. 하나둘 하다 보니 가버린 친구들이 어느새 여럿이다. 어렵던 친구도 가고 많은 사람들이 부러워하던 잘 나가던 친구도 갔다. 지구 반대편까지도 공짜인 그 흔한 카카오톡도 안 되는 곳으로 갔다. 전화도 메일도 닿지 않으니 멀기는 먼가 보다. 보고 싶다고 찾아가지도 못하고 만나자고 찾아오지도 않으니, 가기는 쉬워도 오기는 쉽지 않은 모양이다. 먼저 가겠다는 약속도 없었고 어디서 다시 만나자고 언약도 못했다. 잡을 수도 없었고 불러도 대답도 없다.

병을 이기지 못해 가기도 했고 생각지도 못한 사고로 서둘러 가기도 했다. 건강을 열심히 챙기던 친구도 가고 술을 좋아하고 즐기던 친구도 갔다. 사는 것이 바빠 건강까지 돌볼 여유가 없던 친구도 갔다. 고향 친구도 가고 학교 친구도 갔으며 직장에서 인연이 닿았던 친구도 갔다. 이제 부탁할 일도, 청을 할 일도 없는데 먼저 간 친구들이 왜 기억의 창에 찾아올까. 청탁 때문도 아니고 부담스러워할 일도 없는 친구들이 아닌가. 아쉬워도 그뿐이고 귀찮아할 일도 없는데 왜 먼저 간 친구들이 떠오를까. 그들의 가족을 만나지 않아도, 남아 있는 친구들과 그들과 관련된 일을 주고받은 일이 없어도 먼저 간 친구들이 내 기억의 창에 서성인다.

얼마 전에는 이 군이 생각나더니 오늘은 조 군이 내 기억의 방으로 찾아왔다. 오늘은 박 군을 생각해야지 하고 작심한 것도 아니었는데 때가 있는 것도 아니고 나타나는 차례도 순서도 없다. 한가하다고 생각나는 법도 아니고 다른 일을 하고 있어도 생각날 때가 있다. 일부러 작정하고 오늘은 이 친구를 생각하자고 해 보지도 않았고, 언제 날짜를 미리 잡고 계획하지도 않았는데 불쑥불쑥 먼저 간 친구가 떠오른다. 권리증이나 차용증을 가지고 있다 한들 휴지도 못 할 일이고, 아무리 지키지 못한 약속이 있었다 한들 서로가 책임을 따질 수도 없는 친구들인데도 가끔씩 기억의 창고에서 나타나는 것은 그들을 만나러 가는 길이 점점 가까워져 오기 때문일까. 그만큼 한가하기 때문일까 아니면 외로움 탓일까 아니면 그리움 때문인가.

운명 전날, 가기 전에 보고 싶다는 가족들의 연락을 받고 찾아간 친구도 있고 아프다는 소식도 없었는데 덜컥 부고가 전류를 타고 와 문병도 못 가고 작별의 인사도 없이 보낸 친구도 있다. 힘도 없는 나에게 무리한 부탁을 한다고 지청구한 친구도 갔고, 바보스럽다고 안타까워하고 나를 도와주지 못해 늘 걱정해 주던 친구도 갔다.

늘그막에 고향을 떠나 가끔 안부 전화로 소식을 전해주던 친구가 부인을 먼저 떠나보내고 자기도 타향의 빈소에서 쓸쓸하게 마지막 작별을 했던 친구도 기억의 창에서만 옛날 모습으로 안개처럼 나타났다 사라진다. 상주가 너무 어려 대신 친구의 유골을 산자락에 뿌릴 때 유골에 남아 있는 온기가 가끔씩 느껴진다.

유족들의 부탁으로 아무런 미련도 남기지 않는 자유로운 영혼이 되라고 눈물에 섞어 뿌린 친구는 생전에 웃던 그 모습이다.

먼저 간 친구들은 하나 같이 못난 나에게 용기를 주고 힘을 내라고 했다. 부족한 나에게 힘이 되려고 애를 썼다. 업무를 모르면 가르쳐 주고 모자라면 채워주었다. 모르면 가르쳐 주고 무엇이든 나에게 힘이 되어 주고 나를 걱정해 주던 고마운 친구도 먼저 갔다. 내가 실수하면 자기 일 같이 걱정하고 어려운 일이 있으면 제일 먼저 의논하던 친구도 은퇴하자마자 서둘러 떠나가 버렸다. 시골 자기 집에 놀러 오라는 전화를 받을 때면 너무 미안해서 늘 바쁘다는 핑계를 댔지만 가기만 하면 손수 가꾼 농작물로 자동차 트렁크를 꽉꽉 채워주던 정 많은 친구는 그 많은 빚을 갚을 틈도 주지 않고 훌쩍 가버렸다.

사는 동안 영광은 잠깐이고 시련의 연속이었던 친구는 나에게 위로할 기회도 주지 않고 서둘러 떠났으니 못난 나를 더욱 못난 친구로 만들어 더 자주 생각이 나게 한다.

부끄럽고 어리석은 일로 얼룩진 나의 지난날이 아름다운 추억이 되기를 바라기는 염치없지만 먼저 간 친구들이 생각나듯이 나는 내가 떠난 후 남아 있는 누군가의 가슴에 여름 밤하늘을 날아다니는 작은 반딧불이가 되어 찾아들고 싶다.

온몸으로 시를 쓰는 사람들

많은 사람들에게 깊은 감동을 주는 시가 훌륭한 시다. 남녀노소는 물론 시대와 나라와 이념을 초월해서 공감할 수 있는 시가 진정 아름다운 시다. 글자로 감성을 기록해 놓아 사람들에게 시간과 공간을 뛰어넘어 감동과 용기와 희망이 되기도 한다.

자연 자체가 시가 되는 경우도 많다. 길가의 꽃 모양이나 향기며 숲속의 새소리도, 바다의 파도도 좋은 시다. 호수의 물빛도, 펄펄 내리는 흰 눈도, 하늘을 붉게 물들이는 석양과 흘러가는 구름이 어찌 시가 아니라 할 수 있겠는가. 감동을 받아 사람들의 마음을 아름답게 하는 경우라면 문자로 된 시 이상으로 우리들을 감동하게 하고 가슴이 따뜻하게 한다면 시가 아니라고 할 수 있겠는가.

이기대의 장자산 큰 고개에서 약수터까지 약 오백 미터가량의 거리에 몇 년 전부터 누군가에 의해 황매가 심어지고 있다. 처음에는 한쪽만 심어지더니 몇 년 사이에 이제 길 양쪽에 모두 심어졌다. 한꺼번에 심지 않고 여러 해에 걸쳐 심어진 것을 보면 분명 지자체에서 환경미화 사업으로 예산을 들여 한 사업은 아닌 것 같다. 조금씩 이 삼 미터 간격으로 심어져 있으니 개인이 정성과 경비를 들여 꽃을 심었을 것으로 짐작이 된다. 오백 포기가 넘을 만큼 적은 숫자가 아니니 흘린 땀이 적지 않음을 알 수 있다. 그것으로 끝나지 않고 많이 자란 것을 포기 나눔을 해서 꽃길이 해마다 늘어나고 있다.

꽃들 가운데 〈양심 뽑아 간 곳〉이라는 입간판이 종종 눈에 띄었으니 적지 않은 황매를 자기 집으로 뽑아 가는 모양이다. 그 자리에 재식이라는 표시도 해 놓은 것을 보면 한번 심어 놓고 마는 것이 아니라 계속 관리를 하고 있음을 알 수 있다. 꽃을 사랑하는 마음이야 물론 나쁘지 않지만 주인의 허락 없이 몰래 뽑아 갔다면 예쁜 꽃을 볼 때마다 몰래 뽑아 온 생각을 어떻게 지울지 오히려 더 걱정이 된다. 얼마나 공들여 황매를 가꾸는지 짐작을 할 수 있다. 한두 포기가 아니다 보니 수년에 걸쳐 심었는데 주로 새벽 산책을 하기 때문에 직접 심는 모습을 보지는 못해 심는 분이 어떤 분인지 궁금하다.

황매는 숭고, 높은 기풍, 기다려주오, 고결, 결백이라는 꽃말을 가지고 있다고 한다. 황매의 전설처럼 수많은 황매를 심은 뜻이 사랑의 고통을 이겨낸 표시일까 아니면 끝내 사랑을 이루겠다는 증표일지도 모르지만 이 길을 걷는 사람들에게 산길을 걷는 동안이라도 시인으로 만들어 주고 싶은 뜻도 있는 듯 하다. 황매는 매년 4, 5월이면 꽃이 핀다. 처음 심은 것은 몇 년 전부터 꽃을 피우기 시작했다. 이제 꽃들이 자리를 잡았으니 내년 봄부터는 온통 노랗게 물이 드는 이기대 큰 고갯길의 황매 축제를 만날 수 있을 것 같다. 누가 봐도 자연적으로 자란 것이 아니고 정성 들여 심고 가꾸었음을 알 수 있다. 어떤 인연이 있어 숱한 꽃을 두고 황매를 심었는지 궁금하기도 하다.

또 다른 분은 아파트 뒤 산책로에 꽃 몇 포기를 심어 놓고 예쁘게 만든 목판에다 유치원생의 가슴에 붙이는 이름표처럼 송엽국이라는 이름표를 달아 놓았다. 꽃보다 그 마음이 훨씬 예쁘게 느껴졌다. 어떤 사연으로 자리를 잡게 되었는지는 알 수 없지만 설사 집안에 기를 수 없는 사정으로 옮겨 심었다 해도 나무판자를 예쁘게 다듬어 송엽국 이름 아래 소나무 잎을 닮아 송엽국이라는 이름의 내력과 꽃말까지 멋진 글씨로 적어 놓았으니 작은 생명에 대한 배려가 감동을 주고 남는다.

아파트 울타리 밖의 산으로 오르는 산책길에 일핏 보면 개똥쑥처럼 보이는 꽃들이 한두 포기 늘어나더니 어느 날 황금코스모스라는 꽃 이름과 넘치는 야성미라는 꽃말의 이름표가 꽃 옆에 자리를 잡고 서 있었다. 이름표를 만든 정성을 미루어 보면 어디선가 꽃씨가 날아와 자연적으로 자라난 것이 아니고 황금코스모스를 사랑하는 누군가가 애써 심어 놓은 것이 분명했다. 무더운 여름이 한풀 꺾이자 길 양쪽으로 황금빛 코스모스가 환하게 웃고 있다. 꽃처럼 예쁜 마음을 가진 분이 다른 사람들도 꽃 같은 천사의 마음이 되기를 바라면서 심지는 않았을까. 이제 이 길은 두고두고 황금코스모스 꽃길이 되어 지나는 모든 사람들에게 환한 웃음과 행복한 시간을 선물해 줄 것이다. 그리고 이 선물을 전해주고 싶은 아름다운 마음이 오래오래 꽃으로 피어 훌륭한 시가 되리라 믿는다.

그리운 친구들

어쩌다 보니 서로 인부를 묻는 친구보다 연락이 닿지 않은 친구들이 더 많아졌다. 가까운 친구들이 많이 떠나갔다. 부음까지는 받지 못했지만 생사조차 모르고 지내는 친구도 생각나고 보고 싶다. 이미 이 세상을 하직하여 아무리 보고 싶어도, 아무리 그리워도 만날 수가 없는 친구들이 느닷없이 생각난다. 서로의 안부를 몰라 연락할 방법이 없어 궁금하고 그립고 보고 싶다. 오랜 세월 사는 곳이 너무 멀고 소식이 두절되어 생사조차 모르는 친구들이 생각난다.

오늘은 이 친구를 생각해야지 하고 작정해서 그 친구가 생각나는 것이 아니다. 내 의지와 상관없이 아련한 추억과 함께 당시의 친구들이 순서도 없이 불쑥불쑥 생각나고 보고 싶다. 시간과 장소를 가리지 않고 무슨 일을 하다가도 친구가 생각난다. 길을 걷다가도 생각나고 음식을 먹다가도 떠오르며 잠자리에서도 옛 친구가 생각나고 연락이 닿지 않는 친구가 보고 싶고 가슴이 아린다. 바쁜 순간에도 친구가 생각나고 멍하니 앉아 있을 때도 예고 없이 친구와의 추억이 떠오른다. 내 의지와는 상관없이 잊을 수 없는 사연들 속에 나를 머물게 한다. 시간과 장소를 가리지 않고 즐거웠던 일, 아쉬웠던 일, 미안했던 일들이 뒤엉켜 친구가 생각난다. 떠난지 수십 년이 된 친구일 때도 있고 최근에 떠난 친구도 있다. 생각나는 친구들이 나를 웃게 하는 경우보다 나를 한없이 슬프게 하는 경우가 더 많다. 같이 웃을 일도 함께 고민할 수도 없어 안타깝고 그립고 정말 많이 보고 싶다.

술을 좋아하는 벗도 있었는데 나는 술을 거의 못 하지만 끝까지 술자리를 따라다니며 숱한 이야깃거리에 동참했다. 만날 때면 필히 고스톱판을 벌여야 모임의 뜻이 있다는 친구 K가 보고 싶다. 고스톱을 잘 못하는 나를 그들의 용돈 조달자라고 놀리던 친구들이 너무 그립다. 고스톱을 유난히 즐겼던 그 친구가 간 후 우리 모임에서는 고스톱은 완전히 사라지고 고스톱 이야기만 남았다.

산을 좋아해 주말마다 친구들을 불러 모아 이산 저산 가리지 않고 산바람이 난 친구도 생각난다. 지금은 그림의 떡이지만 설악산, 계룡산과 월악산을 넘을 때가 돌아보니 어쩌면 우리들의 황금기였다. 대구 팔공산에서 만난 폭설은 두려움이었지만 우리들 마음의 창에 멋진 눈 그림 한 폭씩을 걸게 했다. 그렇게 산을 좋아해서 건강하고 장수를 믿었는데 교직을 정년퇴직하고 5년을 넘기지 못하고 떠난 친구를 그리워할 뿐이다.

해변에 살던 친구 B는 농산물, 수산물을 철마다 못 전해 줘 안달이었다. 어쩌다 찾아가면 바리바리 안겨주었다. 까맣게 그을려 가며 애써 가꾼 농작물을 염치없이 받는 것이 죄인같이 느껴지기도 했지만, 친구가 가고 부인도 일 년을 넘기지 못해 그리운 사람이 더 늘었다. 시골길의 잘 가꾼 밭작물을 보면 고마운 친구가 생각난다.

직장에 함께 근무했던 친구 Y는 직장에서 서로 얼굴 붉히지는 않았지만 나도 모르게 섭섭하게 한 적은 없었을까 돌아보게 한다. 상사는 농담일 수 있어도 당하는 쪽은 결코 장난이 될 수 없는 일이다. 지금 살아 있다면 밤새워 이야기를 나누고 싶다.

술에 잔뜩 취한 친구 S를 자기 집에 바래다주다 엉뚱한 남의 집 현관 안까지 들어가 버티는 바람에 큰 봉변을 당할 뻔해 놀랐던 순간이 가끔 생각난다. 마침 그 집에 어린이와 부인만 있어 당황하는 사이 무사히 나왔지만 잘못했다면 풍파를 일으킬 뻔했던 사건이라 지금 생각해도 등에 진땀이 날 일이다.

친구 J가 장가갈 때는 봉채를 짊어졌고 결혼식 사회를 보기도 했다. 그의 아들 주례까지 맡은 사이였으니 미워도 미워할 수 없는데, 그 친구의 귀가 시간이 늦으면 남편의 이상 유무를 확인하는 친구 부인의 전화는 고문이기도 했지만 아련한 추억이다. 친구는 임종 전날 가는 것을 예감했는지 이 못난 친구를 보자 해서 뛰어갔지만 그는 이미 말문을 닫고 눈빛으로만 마지막 작별 인사를 해 야속하기 그지없었던 친구가 그립고 보고 싶다. 대학생 아들 등록금 대출 연대보증을 한 은행에서 변제 독촉을 받았을 때 그 친구에게 어떻게 하라고 연락하지 않았다. 그가 갚지 않으면 누가 갚아야 한다는 것을 모를 리 없는 친구를 더 마음 아프게 할 수가 없었다. 친구가 세상을 떠날 때까지 이 문제를 누구에게도 꺼내지 않았지만 마음의 짐을 훌훌 털고 갔으면 좋겠다.

같은 동네 친구 K는 내가 학창 시절 그의 집을 우리 집처럼 드나들었던 친구다. 끼니때면 그의 식구들과 함께 밥을 먹을 만큼 스스럼이 없었다. 미국에 주재원으로 가 결국 미국 사람이 되었지만 내가 가장 좋아하는 친구였다. 미국에 있는 동안 오랜 세월 손 편지를 주고받으며 우정을 이어갔다. 그러다 문단에 육필 원고보다 메일 원고가 보편화되던 때 워드로 편지를 보낸 것이 화근이었다. 바쁜 미국 생활에 편리함도 괜찮겠다는 안일한 생각에 가장 가까이하던 친구를 잃어버리고 말았다. 우리 사이에 이렇게 성의가 없을 수 있느냐는 원망을 담아 절교의 편지가 왔다. 백배사죄의 편지를 보냈지만 답장도 없고 그 후로 소식을 모르고 지낸다. 너무 미안하고 용서를 빌어도 해결할 수가 없는 일이 되었지만 잊을 수 없는 고마운 친구가 보고 싶다.

순박하기 이를 데 없는 L은 술을 좋아하지만 한 번도 자기주장 관철을 위해 목소리를 높인 일이 없는 아량이 넓은 벗이었다. 스텐트 시술을 여섯 번 이상을 하고도 친구들에게 자기 건강을 걱정하지 않아 친구들도 잘 모르고 지낼 정도였는데, 다리가 아파 입원했다가 엉뚱한 폐렴으로 갑자기 떠나가 친구들에게 많은 아쉬움을 주고 간 친구가 생각난다.

요즘 들어 먼저 간 친구들이 자주 생각나는 것은 그들을 만나는 시간이 점점 가까워져 온다는 시그널일지 모를 일이다. 투병 중인 몇몇 친구를 코로나19 때문에 만날 수 없어 가끔 전화를 하면 쇠잔한 목소리가 들릴 듯 말 듯 하다. 이별이 멀지 않은 것 같아 두렵다.

내가 만날 수 없는 친구들의 모습이 생각나듯 친구들은 사후에 나를 어떤 친구로 기억할까 조금은 궁금하고 두렵기도 하다. 지나친 욕심일지는 몰라도 나의 오만과 무지로 친구들의 가슴에 상처를 남긴 친구가 되지 않았으면 하는 과분한 욕심을 부려본다.

그리운 친구들아! 정말 많이 그립고 보고 싶구나.

미안함

일 처리가 야물지 않기 때문에 원치 않아도 미안한 일이 끊임없이 벌어진다. 법을 위반해서 죗값을 치러야 할 만큼은 아니라 해도 마음 한구석이 아리거나 아쉽고 미안한 일들이 자꾸만 늘어 간다.

거실에 키우는 화분이 철 따라 새순을 틔우고 예쁜 꽃으로 보답을 하다가도 까닭 모르게 시들며 고사라도 하게 되면 제대로 돌보지 못함 때문에 생명체를 시들게 한 것이, 누가 책임을 따지지 않아도 안타깝고 시든 화초에 미안하다. 지금은 어항을 치워 버렸지만 다른 곳에서 잘 자라고 있는 어항의 물고기를 볼 때면 어항의 물고기를 제대로 살피지 못해 죽어간 물고기들이 생각나 미안해진다.

손편지 쓰기를 무척 좋아해 한번 시작하면 수년을 계속하다가 어느새 손편지가 힘들고 상대방도 힘들겠다는 생각이 들어 전화나 카톡으로 안부를 전하면서 내 부족한 성의가 미안하다. 이런 생각 때문에 워드로 편지를 보냈다가 성의가 부족하다는 이유로 절교까지 가는 아픔을 겪기도 했으니 이래저래 미안한 일만 만든다.

정말 잘 나가던 동창이 어느 날 갑자기 심한 뇌졸중으로 쓰러졌다. 생각지도 못했던 일이라 친구들도 놀랐고 본인의 충격은 어떻게 짐작을 하겠는가. 전하는 말에 의하면 자신의 모습을 친구들에게 보여 주기 싫다면서 한사코 문병을 못 오게 해 여태 문병도 못 했다. 친구의 말을 믿어야 하는지 아니면 문병이 오히려 친구에게 스트레스를 주게 될런지를 가리지 못하고 지내면서 하루빨리 건강해지기를 바라지만 내내 미안함에 마음이 무겁다.

서로 나이가 들고 사는 곳이 떨어져 있어 만나기 어려운 친구나 옛 직장동료로부터 안부 전화를 받을 때면 미안해서 쩔쩔매게 된다. 내가 먼저 안부를 전하지 못하고 사실상 날 잊고 있겠거니 했는데 전화가 와서야 당황하고 있으니 상대방에게 미안하고 내 자신이 안쓰러워진다.

옛 직장동료가 요양원에 입원했다는 소식을 다른 친구로부터 듣고 문병을 가야지 마음먹었는데 어영부영하다 가보지도 못하고 있다가 부음을 들었을 때 외롭고 쓸쓸하게 투병하다 떠난 친구에게 부끄럽고 미안하다.

나와 나이 차가 별로 나지 않는 생질녀는 막내 외삼촌인 나를 끔찍하게 챙겨준다. 아무리 생각해 봐도 조카에게 특별히 잘해 준 것이 없다. 여유가 없었으니 경제적 지원을 해준 일도 없고 한마을에서 자라지도 않았으니 돌보아 주지도 못했다. 그래도 조카는 수시로 선물을 보내고 다녀가라며 안부를 전해온다. 잘나가는 아들의 결혼 주례를 교수도, 유명인도 많을 텐데도 한없이 부족한 나에게 부탁을 했으니 겸연쩍고 미안한 일이었다. 의사 아들을 둔 친구와 박사 아들을 둔 친구가 훌륭한 사람들을 제쳐두고 뭐 하나 내세울 것 없는 나에게 굳이 결혼 주례를 맡아 달라 해 억지로 주례를 섰지만 민망했고 그들의 결혼사진 속 초라한 내 꼴을 생각하면 미안한 일이 되고 말았다.

나이가 많다고 해서 버스나 지하철에서 사양을 해도 굳이 좌석 양보를 받을 때마다 미안하다. 자리를 양보받지 않아도 아직은 지탱할 힘이 남아 있는데 신세를 져 미안하다. 젊은이라고 피곤하지 않고 편하게 가고 싶지 않겠는가. 아무리 생각해도 나이가 자랑이 될 수 없고 권리는 더욱 아니니 미안할 뿐이다.

어느새 유명을 달리하는 친구들이 하나둘 생긴다. 평소에 친구가 가족들에게 뭐라고 말했는지 모르지만 유족들이 부음을 전하면서 친구 중에 제일 먼저 부음을 전한다는 말을 들을 때 부끄럽고 미안했다. 유족들에게도 미안하지만 많이 모자라는 나를 마음속의 친구라고 믿어주었다면 참으로 더욱 미안하다. 고인에게 제대로 된 친구 노릇을 하지 못했는데 나를 친구라고 여겼다면 부끄럽고 미안한 일이다.

칠 남매 중 다섯 분은 돌아가시고 누님 한 분이 치매와 투병 중에 계신다. 자주 찾아뵙지 못해 늘 미안함이 가득하다. 찾아가면 내 마음의 위로는 얻을지 모르지만 가족이나 간병인에게 폐를 끼친다. 누님은 나를 알아보지도 못한다는 약은 계산이 깔려 찾아뵙지 않고 미안함만 쌓인다. 가까운 친척 중에는 이제 나보다 나이가 많은 분이 그리 많지 않다. 찾아뵈야 한다면서도 막상 실행하지 못하니 미안함만 늘어난다. 찾아가면 마음 아프고 안 가자니 미안하다.

오랫동안 서로 안부를 모르고 지내던 문우가 바뀐 전화번호나 주소를 물어물어 연락을 해 왔을 때 반갑기도 하지만 미안함이 앞선다. 과연 나는 그분에게 연락할 마음이 있었고 마음에 담아 놓은 문우였나 생각하니 미안하기 짝이 없다. 주소도 전화번호도 알 리 없는 몇십 년을 까맣게 잊고 지내던 친구가 연락을 취해오면 반가움보다 그 친구를 까맣게 잊고 있었고 생각조차 해보지 않았음에 부끄럽고 미안하다. 서로 안부를 묻지 않고 지냈는데 회지를 통해 부고를 볼 때면 함께하던 시절이 떠오르며 나의 무심함에 돌아가신 분에게 미안하다.

문우들이 동인지나 개인 작품집을 종종 보내온다. 반가운 마음에 책을 펼쳐 보지만 눈이 금방 가물가물해져서 작품을 제대로 꼼꼼하게 읽지를 못한다. 한 권의 책이 나오기까지 작가의 고통을 짐작하면서 차근차근 다 읽지 못하는 미안함을 고백하지 않을 수 없다. 작품 하나하나에 산고가 어떤 것이며 그 많은 비용까지 들여 보내 준 귀중한 선물이 약한 시력 때문에 제대로 읽지 못하고 쌓여 가고 있으니 어떻게 이 미안함을 전할 수 있겠는가.

스스로 떳떳하게 무슨 작가라고 밝히지 못하는 것은 제대로 된 작품 하나 없으니 작가라는 호칭이 민망하고 미안해서다. 오늘도 또 다른 미안한 일이 생기기도, 만들기도 해서 미안함이 쌓여 간다. 온통 미안함뿐인 나에게도 미안하다.

촌놈

나는 촌놈이다. 면사무소가 십 리나 떨어져 있고 6.25 시변 때는 어두워지면 나타나는 무장 공비가 무서워 호롱불마저 마음 놓고 밝힐 수 없는 산골 마을이 나의 고향이다. 아버지가 농부였으니 뼛속까지 촌놈이다.

서울로 유학한 일도 없고 서울 직장을 가져 보지도 못했다. 앞으로도 서울로 옮겨갈 형편이 못 되니 한양과는 인연이 없다. 한양이 아니면 시골이라는 한양 너희 말대로 시골 촌뜨기이다. 촌놈이니 시골놈이니 하는 딱지를 떼고 싶다고 떨어지지도 않을 테니 어쩔 수 없는 시골 놈으로 촌놈 딱지를 싊어지고 살아왔다.

전형적인 촌놈이 청운의 꿈을 안고 첫 출근을 시작했던 일도 어느덧 오십 년 전의 일이다. 지방이긴 해도 이용하는 사람들은 시대를 앞서간다고 자부하고 최첨단 장비를 갖추고 유행의 물결이 흐르던 관문인 수영 비행장이 부산국제공항으로 변신하는 시절이었다.

한양은 아니지만 그동안 도시의 풍경을 좀 봐왔다 해도 겪어 보지 못한 풍경에 시골 장터에 팔려 나온 영락없는 촌닭이었다. 영화에서 보던 배우도 가까이서 보고 유명 정치인이 지척의 거리에서 스쳐 가는 곳이기도 했다. 여행 자유화라는 말도 없던 시절이라 한일 국교 정상화 이후 무리 지어 오는 일본 관광객이 촌놈에게는 신기하기만 했다.

첫 출근 후 며칠이 지나 신입 환영의 자리였다. 지금도 여전히 성업 중이고 해운대의 관광명소이지만 오십 년 전에는 유명한 집인지도 몰랐던 해운대 암소갈비에서 저녁을 먹었다. 식후에는 지금은 추억 속의 전설로만 남아 있는 극동호텔로 자리를 옮겼다. 최고급 손님들이 묵는다는 해운대의 극동호텔은 최신식 특급 호텔로 자리 잡아 부산의 자랑거리이기도 했다.

그 유명한 극동호텔에서 처음으로 사우나까지 했으니 촌놈이 누릴 호사는 아니었다. 이런 곳을 구경하는 것도 난생처음이지만 엄청난 규모와 으리으리한 시설을 선배님들 눈치 보며 따라 이용하느라 촌놈이 어색함과 민망함으로 흘리는 땀방울은 뜨거운 목욕탕 열기 때문만은 아니었다. 더욱 가관인 것은 목욕 후 호텔 안의 맥주홀에 들렀을 때다. 화장실에 들렀더니 화장실의 규모에도 놀랐지만 화려한 조명아래 청년 몇이서 소변을 보는 내 뒤에 서서 향수를 뿌려주고 솔로 양복의 먼지를 털어내고 구두까지 닦아 주는 데다 손을 씻고 돌아서니 타월까지 들고 기다리고 있었다. 소변을 보면서도 어떻게 이곳을 무사히 빠져나가야 하는지 가슴만 쿵쾅거렸다.

사전 지식이 있을 리도 없지만 구경조차 못 해본 촌놈의 눈에는 번쩍번쩍 빛나는 거울 앞에 그 당시 고액권인 천원 권과 오백 원권이 수북이 쌓여있는 것이 눈에 들어왔다. 이런 곳에서 서비스를 받는 손님들은 다들 이 정도는 내고 있으니 나 같은 촌놈도 눈치를 채라고 진을 펼쳐놓은 모양이었다. 이런 곳을 이용하려면 별도의 이용료를 내는지 촌놈은 물어볼 엄두조차 내지 못했다. 물론 강요하지는 않았지만 잔뜩 주눅이 들어 그냥 나오면 무사하지 못할 것 같아 오백 원권 한 장이 내 지갑 속의 비상금 전부라는 것을 마치 들키기라도 한 것처럼 아무 소리 못 하고 아까운 거금을 털어내 주고 나왔다. 지금이야 오백 원은 꼬마들에게 주어도 고맙다는 인사 받기 어려울 정도가 되었지만 60년대 중반 내가 받는 이만 원 정도의 월급을 생각하면 엄청난 액수다. 소변 한 번 보고 내 월급의 5% 가까이 주었으니 촌놈은 이디에 가나 촌놈이고 이러니 촌놈에서 평생 벗어나지를 못하는지도 모를 일이다. 오백만 원의 월급을 받는 사람이 소변 한 번 보고 이십오만 원의 팁을 준 꼴이니 촌놈이 아니고는 있을 수 없는 일이다. 촌놈이 아니라고 변명할 여지가 없다. 팁의 비율로 따진다면 이보다 많은 팁을 주는 사람도 없을 테고 봉사료는 주어서 기쁘고 받아서 고마워해야 하거늘 많은 세월이 흘러도 등줄기에 땀이 나고 뒷맛이 씁쓸한 이 기분을 촌놈 아니고는 느낄 수 없는 일이다.

60년대 중반까지만 해도 지금 같은 아파트 문화가 아니었으니 단독주택의 화장실도 재래식이었다. 관공서에서 수세식 화장실이 등장하기는 했으나 좌대식이 아니고 쭈그려 앉는 화장실이었다. 지금과 같은 양변기는 공항 대합실에서 처음 구경을 했다. 이런 설비가 있는 줄을 모르고 들른 화장실에서 많이 당황했다. 혼자 사용하는 곳이라 곁눈으로 볼 수 있는 곳도 아니지 않는가. 사용 설명서가 붙어 있을 리도 만무했다. 함부로 건드리다 고장이라도 나는 날이면 뻗치는 망신살을 촌놈이 감당하기가 너무 두려웠다. 뒤에 청소하는 분들에게 양변기에 머리를 감고 세수하는 사람도 적지 않았고 좌대에 신발 자국이 자주 남았다는 얘기를 들으면서 내 이야기를 하는 것 같아 얼굴이 달아오르기도 했다. 나 같은 촌놈이 나뿐만 아닌 것 같아 작은 위안이 되기도 했다.

촌놈이 더욱 촌놈일 수밖에 없는 것은 모르면서 묻지를 않아 실수를 저지르고 모르면 조용히라도 있어야 하는데 아는 체하다가 촌놈의 본전이 여지없이 드러나기 때문이다. 불치하문 不恥下問하는 길이 촌놈에서 벗어나는 최선의 길이지만 쉽지 않다. 촌놈은 역시 촌놈으로 살아야 촌맛이라도 보지만 서울 양반 흉내를 내다가는 살맛이 아니라 죽을 맛만 만날 테니 잘난 척하다 큰코다치기보다 남은 세월도 어설픈 도시 놈이 아니라 마음 편한 촌놈으로 살아가리라.

편지를 다시 읽으며

– 사랑하는 생질녀 A에게

무엇인가 주변을 조금씩 정리를 하다 내 파일 속에 잠자고 있는 너의 편지를 보고 내가 처분하기에는 너무 소중하여 너에게 돌려주려고 이 편지를 쓴다.

참으로 오랜만에 너에게 편지를 쓴다. 보관하고 있는 너의 편지는 1996년 4월 22일 자부터 시작하여 2001년 8월 24일 마지막 편지까지 5년 동안 모두 31통이구나.

네가 보낸 편지가 더 있었는지 모르겠다. 정확하게 기억하지 못하지만 어쩌면 편지의 내용을 봐서는 그전부터 편지를 주고받은 것 같은데 함부로 버렸다면 참으로 너에게 미안한 일이다.

너는 누구보다 정성으로 편지를 썼지. 글자 하나하나에도 정성 들여 비뚤어지지도 빠뜨리지도 않고 또박또박 너의 마음을 담아 보내주었지. 그때라고 전화가 왜 없었겠는냐. 전화로 안부를 전하기보다 따뜻함이 전해오는 글의 이면까지 읽는 동안 얼마나 나를 행복하게 했는지 모른다. 못난 외삼촌을 걱정하고 많이도 격려해 주었구나. 많은 세월이 흘렀지만 편지 속에 담은 너의 정성이 아직도 그대로 남아 있다.

편지를 주고받는 동안 너에게 너무 미안해서 아직도 잊지 못하고 마음 아픈 기억이 있다. 이보다 더 부끄러운 일이 또 어디 있겠는가. 너무 흘린 내 글씨 때문에 편지를 제대로 읽기 힘들다는 너의 답장을 받았을 때다. 너에게 무어라고 변명하고 용서를 빌어야 할지 난감하였다. 해방둥이로 모두가 가난하던 시절 2남 5녀의 셋째 딸로 태어나 누구 못지않은 머리와 감성을 지녔지만 제대로 배울 기회조차 가져 보지 못한 너에게 상처가 되었을 줄을 못난 외삼촌이 어찌 생각이나 했겠는가. 험한 세상에도 많은 사람들의 칭송을 받으며 아름답게 살아가는 너에게 알아보기 힘든 글씨로 편지를 쓴 못난 잘못을 나는 영영 잊을 수가 없구나.

너는 적지 않은 나이에 운전 면허도 취득하고 마을의 부녀회장을 맡기도 했으며 성당에서도 중요직을 성실히 수행하는 신실한 신자로 주변의 칭송을 받는 것이 너의 성실과 노력 없이 어찌 가능한 일이겠는가.

내가 너의 집을 방문했을 때 책상 위에 펼쳐진 성경책과 노트를 보고 정말 놀랐다. 정말 정성 들여 그 두꺼운 성경책을 필사하고 있는 노트를 보고, 그것도 처음이 아니고 몇 번째라니 너의 극진한 신심을 감히 내가 알기나 하겠냐.

나이 차이도 많지 않은 외삼촌을 너무 공대하여 오히려 내가 너무 미안할 정도였지. 편지를 주고받는 동안 너의 모습이 고스란히 배어 있다. 이 편지를 주고받는 짧은 기간 동안 너는 너무나 엄청난 시련을 겪었구나. 두 언니와 오빠와 남동생을 먼저 보내고 이 땅에는 달랑 너만 외로움을 달래고 있구나. 그 많은 아픔을 어떻게 감당하였는지 아무런 힘도 못된 외삼촌이 부끄러울 뿐이다.

편지를 쓰지 않은 것은 네가 아니라 내가 먼저 거절했었지. 나와 편지를 주고받는 동안에도 너는 심한 류머티즘 관절염으로 제대로 몸을 가누지 못하고 병원 신세를 져야 했다. 긴 세월 투병하면서 편지 쓰는 고통이라도 줄여주고 싶었다.

까맣게 잊고 있었지만 편지를 다시 보니 너에게 정말로 많은 선물을 받았구나. 아픈 몸으로 정성 들여 손수 말렸다는 미역을 봄마다 보내주었고 직접 말린 오징어며 우뭇가사리도 철마다 잊지 않고 보내주었지. 외삼촌을 위해 많은 기도도 빠뜨리지 않았다.

사랑하는 두 아들의 결혼 주례를 훌륭한 사람 모두 마다하고 굳이 못난 외삼촌에게 부탁하여 당황했었지만 둘 모두 행복하게 잘 살고 있다니 다행 중의 다행이다.

이제 너도 외삼촌과 다르지 않게 머리에는 하얗게 흰 서리가 내렸으니 세월의 무상함을 온몸으로 실감하지 않을 수 없구나.

너를 생각하면 나는 늘 감사했고 고맙고 행복했다. 하루속히 아픔의 고통에서 벗어나 남은 세월 건강하고 행복하기를 간절히 기도한다.

갑甲과 을乙

갑질로 세상이 소란스럽다. 갑질이란 갑이 하는 짓이라는 말이다. 좋은 의미보다 다른 사람을 괴롭히는 경우에 주로 사용된다. 사람이 공동생활을 하면서부터 갑이 생겼다. 공동생활을 하고 경쟁사회가 되니 그 과정에 우열이 생기게 되어 힘 있는 쪽은 갑이 되고 나머지는 저절로 을이 된다.

사람 사이에 약속한 사실을 문서로 분명히 해두고자 약정서나 계약서를 만들 때 한쪽은 갑이라 칭하고 다른 편을 을이라 칭한다는 조항에서 갑이 나오고 을이 등장한다. 갑은 십간十干의 첫째로, 첫째를 뜻하는 말이다. 둘 이상이 있을 때 그 하나를 이름 대신하는 말로 쓴다. 을은 십간十干의 둘째로, 첫째 다음을 뜻하는 말로 쓴다. 물론 어느 쪽이 유리하고 불리하고를 밝히지도 않고 각자의 권리와 의무를 분명히 한다지만 주도권을 잡은 쪽이 갑이고 다른 쪽은 을이 된다. 이로부터 힘이 있는 쪽은 갑이 되었고 갑의 눈치를 봐야 하는 쪽이 을이 된다. 비록 문서로 계약한 것까지는 아니라 해도 상대에게 항의하지도 못하는 을이 갑보다는 훨씬 더 많으니 공동생활을 하고 특히 경제생활을 하는 사회에서는 이 문제에서 완전히 벗어날 수 없다.

갑이 있으니 자연스럽게 을도 있다. 항공사 사주의 딸이 마음에 들지 않는 여직원에 항공기를 회항시키면서까지 강제로 비행기에서 내리게 한 사건도 세월이 흘러 사람들의 관심 밖이 되었지만 대표적인 갑질이다. 밤하늘을 수놓는 별은 볼 수는 있어도 감히 누구도 쉽게 다가갈 수 없는 별, 그것도 네 개나 되는 별이 관사의 병사에게 한 갑질로 요란하다. 세상이 많이 바뀌고 달라졌다는 의미이기도 하다. 대기업의 회장님이 운전기사에게 욕을 하고 빰을 때려 뉴스에 등장하지만 강자와 약자 사이에 어렵지 않게 벌어지는 일들이다. 을이라고 분하지 않고 원통하지 않아서가 아니라 덤볐다가는 당장 직장에서 쫓겨날 것이고 다시 직장을 구할 때까지 상당한 기간 수입도 잃게 되고 고통을 당할 것을 알기 때문에 갑질은 계속되고 을은 갑이 되는 힘을 기르기 위해 울분을 참으며 노력할 뿐이다.

뉴스에는 등장하지 않아도 생활 곳곳에 갑과 을의 시비는 끝없이 일어나고 있다. 아파트 경비원과 주민들의 관계, 승객과 버스 기사 간의 분쟁, 수많은 점포의 주인과 종업원 간의 갈등, 원청과 하청간의 일방통행식 부당한 간섭, 판매점의 점원을 하인

대하듯 하는 손님들은 일상이 되어 갑질을 하고 있는지 의식조차 없이 다반사가 되고 있지만 예의를 지키는 말 한마디가 기분 좋은 세상을 만든다는 것을 잊어서는 안 된다.

친구끼리 노래방에 가도 노래를 잘하거나 술값을 내는 사람이 누가 시키지 않아도 갑이 아닌가. 식당에 온 손님은 자연스레 갑이 되고 종사원은 정하지 않았지만 눈치 빠르고 재치있게 움직이지 않으면 언제 불호령을 받을지 모르는 을이다. 관공서에 찾아가도 갑과 을의 위치는 문서를 작성하지 않아도 정해진다.

유복한 집안의 자손으로 태어나 큰 어려움 없이 당당한 갑이 되는 경우를 경쟁사회에서는 막을 수 없는 일이기도 하다. 내남없이 갑이 되길 원하지만 같은 사람이라도 시간이나 장소에 따라 갑이 을이 되기도 하고 을이 갑의 자리를 차지하기도 한다. 을이 갑이 되었을 때와 갑이 을이 되었을 때의 맛을 보았다면 다시 을이 되고 싶지도 않을 것이고 갑이 되기 위해 더 많은 노력을 한다. 오늘도 수많은 을들은 갑이 되기 위하여 굴욕을 참고 견딘다. 잠을 자지 않고 노력한다. 수 많은 경쟁자들을 물리쳐 갑의 지위에 오르고자 혼신의 힘을 쏟아 붓는다.

갑으로부터 을의 아픔을 느낀 사람들이 을에서 벗어나고자 하는 노력이 이 사회를 발전시키는 중요한 요인임을 부정할 수는 없다. 아무리 노력해도 절대로 갑이 되지 못하는 사회는 발전은 커녕 공멸하고 만다. 한번 갑이 영원히 갑이 될 수는 없다. 갑이라고 큰소리나 치고 인심을 잃고 한눈팔다가는 언제 을의 신세로 떨어질지 모른다. 갑도 잘못하면 을이 되고 을도 열심히 노력하면 갑이 되는 사회가 제대로 굴러가는 세상이다. 갑이 잘못해도 자손 대대로 갑의 지위를 누리는 것은 공정한 사회는 아니다. 사회적 규탄으로 몰락하기도 해야지만 노력 없이 갑의 지위를 계속 누리도록 내버려 두는 것은 부패한 사회나 독재주의의 나라에서나 있을 일이다. 갑과 을은 완전히 사라질 수는 없겠지만 갑이 을이 되고 을이 갑이 되었을 때의 마음으로 돌아간다면 을질이라는 말이 없듯이 갑질이라는 말도 사라지리라 믿는다.

친구 2

어릴 때는 어른들로부터 벗들과 잘 지내라며 벗이라는 말을 자주 들었다. 조금 자라서는 동무들과 사이좋게 지내라며 동무라는 말을 듣고 자랐다. 동무란 낱말은 동요에도 등장하고 어깨동무라는 아동용 잡지가 있을 만큼 곱고 아름다운 낱말이다.

요즘은 친구라는 단어가 그 중에 제일 많이 사용하는 호칭이라고 느껴진다. 비슷한 말이지만 시대에 따라 선호도가 달라지기도 한다. 동료나 동지는 벗이고 친구가 될 수는 있지만 동료나 동지가 벗이 아닐 수도 있다. 벗, 동무, 동지, 친구, 동료라는 낱말은 모두 정답고 아름다운 말이다. 동무라는 낱말 자체는 순수하고 다정하지만 정치적 의미를 달리하는 쪽이 사용하면 거부감을 느끼게 되어 본래의 아름답고 순수한 말이 기피하는 단어가 되기도 한다.

부모 형제와 같이 혈육을 나눈 사이라면 친분은 말 할 것 없지만 혈육을 같이하지 않으면서도 서로 의지할 수 있는 친구를 가진 사람은 행복한 사람이고 믿음을 받는 사람이다.

친구는 어떤 분류가 가능할까. 과거에는 인연이 닿아 알고 지냈지만 차츰 연락이 없어지고 서로 안부를 묻지 않으며, 어쩌다 만나도 반갑다 한마디만 하고 헤어지고 경조사가 있어도 연락하기 부담스럽고 이름조차 가물가물할 정도면 친구라고 불러야 할지 모르겠다. 친구의 안부조차 궁금하지 않는 이름만 친구, 무늬만 친구도 친구라고 해야 할지 의문이다.

자주 만나지는 못해도 서로 연락을 취하며 가족 내력도 비교적 소상히 알고 지내는 사이라면 친구라는 이름으로 불러도 무리는 없다. 사는 지역이 같지 않아 자주 만나지는 못해도 친구간 서로 초대해서 밥을 먹을 수 있고 때로는 친구의 집에서 잠까지 잘 수 있다면 괜찮은 친구이고 보통 이상의 친구이고 절친이라고 믿어진다. 서로 자주 연락을 하며 가끔 불러 식사를 같이 하며 오랜 시간 같이 있어도 서로 피곤하거나 부담감이 없으며 친구에게 따끔한 충고를 해도 화를 내지 않고 진지하게 의논하며 경청하는 사이라면 친구 복 있는 좋은 친구 사이라고 믿어도 되지 않을까 싶다.

친구가 형편이 어렵다고 경제적인 도움을 요청할 때 기꺼이 응할 수 있다면 좋은 친구 사이라고 믿어도 좋다. 다만 도움을 줄 때는 돌려받는다는 생각을 않고 빌려 줄 수 있어야 한다. 최악의 경우 전혀 돌려받지 않아도 감당할 자신과 친구를 버리지 않을 믿음이 있어야 한다. 돈은 잃어도 친구는 잃지 않을 믿음이 없다면 거래는 하지 말아야 한다. 딱해도 친구에게 경제적인 도움을 청하지 않아야 하고 능력이 있으면 청하지 않아도 빌려줄 수 있어야 진짜 친구다.

친구의 약점을 서로 비판하고 고치도록 도와주어야 한다. 친구의 정당한 충고를 받아들이지 못한다면 좋은 친구로 오래 남기 어렵다. 그렇다고 시시콜콜하고 잡다한 것까지 충고라는 이름으로 트집 잡는다면 작은 틈새가 벌어져 둑도 무너진다는 점을 잊지 않아야 한다.

친구로 지내면서 서로 알게 된 약점이나 비밀은 끝까지 지켜야 하고 지켜준다는 믿음이 있어야 한다. 친구의 약점을 가슴 깊이 묻어둔다는 믿음이 있어야 귀하고 소중한 친구다. 나는 친구라고 생각하고 믿고 있는데 상대는 그렇게 생각하지 않는다면 얼마나 서글픈 일인가. 좋은 친구 관계는 무한한 신뢰이고 믿음 위에 성립한다.

세상에 친구라는 이름으로 부르는 사람은 수도 없이 많겠지만 내 가슴속을 다 드러내어도 괜찮을 단 한 사람의 친구라도 있다면 비록 부자가 아니고 사회적 명망이 없어도 가장 값지게 산 사람이고 가장 멋지게 사는 사람이라고 믿고 싶다.

우리들은 모두 좋은 친구를 만나고 싶어 한다. 정말 쉬운 일이 아니다. 내가 먼저 좋은 친구가 되지 않고서는 좋은 친구, 훌륭한 친구를 만날 수 없다. 정말 어려운 일이다.

좋은 일이 있어도 생각나고 어렵고 힘들 때도 생각나는 친구라면 얼마나 값진 친구이며 얼마나 소중한 친구이며 이런 친구가 있다는 것이 얼마나 보람 있는 일인가. 좋은 친구가 되지 못하면서 좋은 친구를 기대하는 내가 친구 타령을 하기엔 너무 부끄럽다.

부부

다양한 방법이나 절차를 통하여 한 쌍의 남녀가 만나 부부가 된다. 부부가 된다는 것은 서로 만나 가정을 이루고 일생을 동고동락하기로 약속한 사이다. 일반적으로 말하는 부부는 어떤 관계를 말하는 것일까. 이 세상에서 가장 가까운 사이가 부부이다. 사람간의 친소관계를 나타내는 촌수가 부부에게는 없다. 무촌에서 시작하여 1촌이 나타나고 2촌이 생기니 무촌이란 시작이고 많은 사연들을 녹이고 삭혀 새롭게 시작하고 완성해 가는 사이이다.

부부는 자기의 마음을 당연히 상대에게 말해야 하고 마땅히 숨김없어야 하고 자기의 속내를 언제든지 상대에게 표현할 수 있는 관계다. 어떤 말을 해도 들어주고 어떤 행동을 해도 이해가 되는 부끄럽지 않은 관계라야 한다. 역적모의도 할 수 있는 사이가 부부라고 믿는다. 상대의 말을 진심으로 들어주고 상대의 언행이 이해가 되고 상대방의 요구가 정당하며 서로 숨기지도 않고 서로 비밀이 없는 믿음의 부부라야 한다. 상대가 이해하지 못하는 말이나 행동을 서로가 하지 않아야 하는 것이 부부 사이다. 처음에는 서로의 의견을 달리해도 대화를 통하여 합의점을 찾아야 하고 일단 합의하면 합의점의 완성을 위해 서로가 최선을 다해야 하는 부부라야 한다.

부부사이라고 늘 봄바람만 불지는 않는다. 부부가 마음에 없는 말을 하는 것도 따지고 보면 상대를 속이고 자기를 속이는 일이며 부부 사이에 냉기가 흐르는 증거이다. 부부이니 당연히 속이지도 않고 비밀도 없으며 상대의 잘못이 자기의 잘못이고 장벽도 없고 간격도 없다는 듯이 천연덕스럽게 살아가고 있는 것이 또 다른 면의 부부는 아닐까. 이렇게라도 살아야 하는 관계가 부부라고 말하기도 한다. 과연 이런 부부만 있는 것인지, 이런 사이가 되어야 한다고 믿고 싶은지 알쏭달쏭하기만 하다.

상대에게 엄청난 비밀이 생겼을 때 다른 상대에게 비밀을 말하는 부부가 있을까. 부부간에 전혀 비밀이 없는 경우도 있을까. 서로의 비밀을 아는 것이 득이 되는 일인가 아니면 서로가 모르고 사는 것이 좋은 것일까. 어떤 비밀을 지켜야 하고 어디까지는 털어 놓아도 되는지, 비밀을 가지고 있다고 말해도 너의 비밀이니 나와는 상관없다고 말하는 부부도 있을까. 부끄럽고 미안한 행동을 하고 솔직하게 서로에게 고백하는 부부는 또 얼마나 될까. 이해를 구하면 상대방의 언행에 공감해주고 잘못을 너그럽게 용서할 수 있을까.

친구에게는 말할 수 있어도 부부간에는 말할 수 없다면 비밀인지 아닌지. 형제자매간에는 말하면서도 부부간에 말하지 못하거나 부모 자식 간에는 말하면서 부부간에는 숨기면 비밀일까, 아닐까.

부부관계는 혼인이라는 법적 절차를 거친 일종의 계약관계이다. 가능하다면 이 계약을 파기하지 않으려 한다. 또 많은 사람들로부터 가장 원만한 부부로 인정받고 싶어 한다. 그러면서도 또 다른 자기의 목적을 위해 더 많은 비밀을 만들고 수단과 방법을 가리지 않고 자기합리화 또는 정당화하려고 한다.

저승에 가서는 지금의 상대방을 다시 만나고 싶지 않다면서 천상의 배필이라고 하는 말도 부질없는 말장난이고 잉꼬부부라는 말도 헛웃음만 못하다. 상대방이 나를 이해 못해주어 섭섭하다면 나는 상대방을 이해하기 위해 과연 제대로의 노력을 했는지 곰곰이 생각해봐야 한다.

내가 즐기는 것은 내 능력이고 이 기쁨과 행복을 상대가 모르면 모를수록 더 짜릿한 쾌감을 느낀다면 배신이 아니라고 말할 수 있는가. 질투를 사랑이라고 포장하는 옹졸함도 안타깝지만 흐린 물에 발을 담구는 상대를 보고도 방관한다면 부부관계의 끝장이 멀지 않다. 흐린 물에 발을 들여놓고도 깨끗하다고 우긴다면 냄새나는 물을 뒤집어쓰고도 세탁만 하면 되는 일이고 한 줄기 소낙비라고 우기는 꼴이다.

부부간에 진심이 없는 선물을 받고도 고맙다고 여기고, 정성이 담기지 않은 음식을 먹고도 행복하다고 믿는다면 너무나 서글프고 허전하지 않겠는가. 구린내 나는 몸도 여러 번 씻어야 하는데 마음의 구린내는 맡을 수도 없으니 어찌 씻는 일인들 쉬운 일이겠는가.

부부관계를 수치로 나타내면 어떻게 나타날까. 100% 순도의 부부라면 정말 사랑하고 서로 어떤 희생도 마다하지 않으며 누구에게도 눈길 한번 주지 않으며 이 세상뿐만 아니라 저 세상에서도 또 다시 만나고 싶어야 하지 않을까. 법적으로 이혼만 아니했을 뿐 상대가 어떻게 되든 아무 관심이 없는, 보기에는 부부지만 내적으로는 부부가 아니라면 순도 제로가 아니겠는가. 한쪽은 생활비나 충당하고 또 다른 한쪽은 밥이나 챙기고 빨래나 하며 서로가 적당히 즐겨도 모르는 척 눈감아 주는 부부의 순도는 50%쯤이 될까. 이제 아이들이 있는데 어찌 하겠어, 라든지 아니면 경제력 때문에 불편하지만 부부관계를 유지한다면 순도는 훨씬 떨어질 것 같다. 멋진 상대가 나타나면 한 순간 마음이 흔들릴 수도 있겠지만 절제와 자제력으로 품위를 잃지 않는다면 후한 순도를 인정해도 좋지 않겠는가.

남녀평등이란 말은 틀린 말은 아니다. 하지만 아무리 평등이라 해도 한쪽이 바람을 피운다고 똑같이 바람피우는 것까지 평등이라고 믿는다면 평등이라는 말은 설자리가 없다. 부부란 서로를 잘 아는 것 같기도 하고 전혀 아무것도 아는 것이 없는 사람이기도 하니 어떤 관계라고 한마디로 설명하기 어렵다. 사랑한다면서 이해를 못하고, 밉다 밉다하면서 온갖 수고를 마다하지 않으니 오십년 이상을 부부로 살아왔지만 지금도 여전히 모르고, 뭐라고 설명하지 못하니 답답하고 딱하기만 하다.

떠난 보낸 친구

H와 나는 고교 동기다. 친구의 미국 생활의 시작이 40년 전이니 그와의 편지 역사도 그만큼이다. 통신수단이 지금과 같지 않던 시절이라 주로 편지로 우정을 나누다 우연찮은 일로 서신이 끊어진지 20년이 다 되어 간다. 그 때를 생각하면 지금도 후회되고 너무 미안하고 부끄럽다. 그 후 소식은 주로 그의 동생 편으로 듣는다. 친구는 대학졸업 후 직장생활을 하다 같은 회사의 미국 주재원으로 갔다. 두 아들이 미국의 육사와 해사를 졸업하고 그곳에 뿌리를 내려 미국시민이 되었다. 자주 만날 수 없고 여러 가지로 부족한 나는 그의 따뜻한 마음을 늘 잊지 못하고 아쉬움과 허전함을 서로 편지를 주고받으며 달랬다.

대화는 감정조절이 쉽지 않아 본의와는 다르게 전달될 수도 있다. 전화도 시공간의 제한이 따를 수 있지만 편지는 발송 전에 몇 번이고 수정을 할 수 있어 감정조절이 가능하다. 말은 한

번 뱉으면 도로 담을 수 없지만 편지는 보낸 이의 느낌을 두고두고 간직하며 정성이 고스란히 상대방에게 전해진다. 그래서 나는 편지 쓰기를 좋아했다. 80년대 샘터 지에 투고한 내 시조가 인연이 되어 전방부대에 근무하던 강원도 청년과 꽤 많은 편지를 주고받은 추억도 있다. 편지는 그 청년이 제대 후 남은 학업을 마치고 선망하는 직장을 얻고 결혼을 하여 아이를 낳을 때까지 계속되었다. 그는 정일권 전임 국무총리와 같은 이름을 가지고 있었다. 직접 부산까지 와서 두 번이나 만난 것도 편지가 맺어준 고마운 인연이다.

H와 주고받는 편지는 늘 손으로 썼다. 생각나는 대로 편지를 쓰지만 편지란 제대로 쓰자면 앞뒤며 어휘가 쉽지 않다. 글씨도 마음에 들지 않을 때도 많고 보니 손편지를 쓴다는 것은 많은 시간과 정성이 필요하다. 서너 장을 채울 정도의 편지라도 앞뒤가 맞고 오탈자 없이 한번에 쓴다는 것은 나로서는 여간 어려운 일이 아니다 보니 여러 차례 교정이 필요했다.

그러다 우리 생활에 컴퓨터가 일상화되고 보니 사실 편지를 몇 번씩 수정하는 수고도 덜고 미국 생활하는 친구라 컴퓨터 문화에 익숙할 것으로 믿었다. 자영업을 하고부터 고국을 방문해도 부부가 함께 오지 못할 만큼 미국 생활이 눈코 뜰 새 없이 바쁘다는 친구의 편지 쓰는 시간을 줄여줄 수도 있겠다는 짧은 생각에 어느 날 손편지 대신 워드로 작성한 편지를 보냈다. 늦어도 한 달 안으로 소식을 보내주었는데 상당한 시간이 흘러도 답장이 오지 않았다. 주소가 바뀌었다면 반송이라도 될법한데 몹시 궁금하고 기다려졌다. H로부터 수개월 후에 온 답장은 나를 몹시 부끄럽게 만들었다. 친구의 편지에는 어찌 우리가 이렇게 성의 없이 컴퓨터로 작성한 편지를 주고받는 사이가 되었냐고 하며 나에 대한 서운함이 가득했다.

편지는 내용도 중요하지만 예의나 형식도 이에 못지않음을 절감한다. 우리 생활에서 육필편지가 사라지게 된 직접적인 원인은 컴퓨터가 우리 생활 깊숙이 등장하고부터다. 전화와 더불어 인터넷으로 인해 편지 문화도 급속히 변화하여 손으로 쓴 편지를 보기가 어려워졌다. 맞춤법을 몰라도, 마음에 들지 않는 부분을 고쳐쓰는 것도 컴퓨터가 쉽게 해결해 준다. 육필로 쓰는 번거로움을 견디지 못하다 보니 정말 소중한 것을 잃은 것이다.

친구는 세상이 아무리 변해도 볼펜으로 꾹꾹 눌러 쓴 손편지로 우정을 확인하고 싶었는데 어느 날 갑자기 예고도 없이 보낸 기계화된 나의 편지에 너무 실망한 모양이었다. 편지를 받자마자 구구한 변명을 담아 용서를 바란다는 편지를 썼다. 그 후 친구의 답장은 오지 않았다. 워드로 편지를 보낸 것은 친구의 기대에 미치지 못함이 백번 분명하다. 추호도 친구를 원망하고 싶지 않다. 그러나 친구를 무시하거나 우정이 변했기 때문만은 아님을 달리 변명할 길이 없어 못내 아쉬울 뿐이다.

성의 없는 내 편지에 그렇게 화는 내기는 했지만 그도 나를 친구로 생각하고 있었던 것이 분명하다고 믿고 싶다. 그렇지 않고서야 어찌 뉘우치라는 답장을 보냈겠는가. 친구에게 내가 어떤 존재였는지는 알 수 없다. 나를 어떻게 생각하고 있었는지는 직접 물어보지는 않았지만 그와 함께하는 동안 그의 진솔함과 우정이 늘 고마웠다. 무한한 그의 베품에 감동하며 존경했다. 나는 지금도 그를 소중하고 진정한 친구로 내 마음속에 품고 있다. 미국 시민으로 오래 살면서도 워드 편지를 받아들이지 못하는 섭섭함 보다는 우리 된장 맛 같은 구수한 사람 맛을 잊지 않았던 친구로 생각해야겠다.

3 부

길

사용 연한

낯선 길

인생행로

호칭

남자 당신 탓이 아닙니다

감사한 일

부끄러운 일들

늙은이라 미안합니다

나는 나를 사랑했는가

길

길은 참으로 많다. 세상은 온통 길로 이어지고 새로운 길은 끊임없이 생기고 사라진다. 있던 길도 다니지 않고 찾지 않으면 알지 못하는 사이에 흔적도 없이 사라지기도 한다.

부산에서 서울에 가는 길만 해도 너무 많다. 최단 거리로 가는 방법도 있지만 강줄기를 따라유유자적 가는 방법도 있을 테고 여기저기 들렀다 갈 수도 있다. 충청도를 거쳐도 가고 강원도를 경유해서 가는 방법도 있을 수 있다. 느리기는 하지만 배를 타고 인천을 거쳐 한강을 거슬러 서울까지 가는 방법도 있다. 더 둘러 가고 싶으면 제주나 전라도를 놀아가도 서울로 통한다.

같은 길이라도 다양한 방법으로 떠날 수 있다. 우선 걸어서 갈 수 있다. 자전거로 가도 되고 우마차를 이용해도 된다. 경운기라고 못 가라는 법은 없다. 빠르게 가자면 비행기가 있고, 철도만 해도 차종이 한 두 가지가 아니다. 고속버스도 있고 관광버스도 있고 배도 있다. 요즘은 집집마다 있는 자가용을 이용해도 된다.

처음에는 도보로 가보고 다음에는 비행기를 이용할 수는 있지만 한 사람이 동시에 두 길을 가지 못함은 길이 가진 특성이고 인간의 한계다. 어떤 때는 오솔길로 가고 다음 번에는 고속도로로 갈 수는 있겠지만 동일인이 동시에 두 길을 갈 수는 없다. 무소불위의 막강한 힘을 가진 절대자나 제왕에게도 이것만은 허락되지 않는다.

많은 사람들이 자기가 걷지 못한 다른 길을 가보고 싶어 한다. 자기가 가보지 못한 다른 길에 대해 궁금해한다. 자기가 갈 수 없는 다른 길에 대해 아쉬워한다. 모든 길을 다 갈 수 없기에 못 가본 길에 미련과 아쉬움과 후회가 남는다. 이것이 길의 힘이며 길이 가진 두려움이며 동시에 길이 지닌 매력 중 하나이기도 하다.

또다른 길의 매력은 사람마다 자기의 길을 스스로 선택할 수 있다는 것에 있다. 동원할 수 있는 모든 경험과 지식을 활용해 나의 길을 선택한다. 주변 사람들의 권유나 강압에 의해 자기의 의지와는 상관없이 억지로 그 길을 가기도 하지만, 어느 새 자기의 길처럼 적응하기도 한다. 무리에 휩쓸려 잘못된 길을 갈 때도 있다. 스스로 최선의 길이라고 선택한 길이라도 도중에 잘못 들었으면 돌아 나올 수 있지만 그 시기와 장소가 적당해야 한다.

이미 많이 지나쳐서 되돌아가기는 시간이 너무 늦을 수도 있다. 그동안 먼 길을 걷느라고 체력이 너무 소모되어 새로운 길을 찾아 나서지도 못할 경우도 있다. 이용할 장비가 없어 가지 못할 때도 있고 교통수단이 있어도 고장이 났거나 너무 낡아 떠날 수 없는 경우도 생긴다. 길을 안내해 줄 사람도 없고 그 길에 대해 아는 것이 없어 두려움 때문에 새로운 길을 나서는 것을 포기하기도 한다.

서울로 가는 모든 종류의 길을 다 한 번씩 가보고 싶다고 이 길도 가보고 저 길도 가다 보면 서울 구경을 한 번도 하지 못할 수도 있다. 이 많고 많은 서울 가는 길을 다 갈 수 있는 시간과 세월을 넉넉하게 타고난 사람은 아직 이 세상에 없다.

길은 자기 체력이나 능력에 맞게 선택해야 한다. 다른 사람들에게 피해를 주지 않는 길을 걸어야 한다. 걷는 동안은 즐거워야 한다. 길을 바꾸려면 시간의 여유가 있는지, 교통수단은 상황과 능력에 맞는지, 비용이 든다면 지불할 수단은 충분한지 우선 살펴봐야 한다. 자기 역량은 계산해 보지도 않고 자기의 길에 불평불만을 해도 해결책은 없다.

길을 걷는 물리적인 시간은 인간이 어찌해볼 도리가 없다. 그러나 같은 길이라도 짧다는 느낌이 들 수도 있고 한없이 지루해서 피할 수 없는 몸부림과 고통 속에 가야 하는 길이 되기도 한다. 자기 능력과 적성에 맞아 한결같이 즐거우며 보람과 행복으로 가득한 길을 간다면 그 길이 멀게만 느껴지지는 않을 것이다. 길을 가면서도 자기 길이 아닌 듯 느껴지고 재미라고는 눈곱만큼도 없다면 어찌 지치지 않고 지루하지 않은 길이 되겠는가.

자기의 길에 맞는 자신의 길 맛을 찾아야 한다. 길 맛을 안다는 것은 길이 주인이 아니라 그 길을 걷는 사람이 길의 주인이 되게 해주는 최소한의 조건이다. 다른 사람들의 눈에는 보이지도 않고 느끼지 못하는 자기만의 길 맛을 보며 가는 길이 최선의 길이다. 길은 빨리만 간다고 목적을 모두 달성하는 것은 아니다. 목적지까지 안전하게 가야 하고 지루하지도 지치지도 않아야 하며, 가는 길이 보람 있고 행복해야 하고 다른 사람들에게 피해도 주지 않음은 물론 눈총도 받지 않아야 한다. 자기 능력을 무시한 무리한 길 선택은 고통이라는 대가를 피할 수 없다.

길은 수없이 많지만 가고 싶다고 가게 되는 것도 아니고, 갔다고 모두 다 성공하고 행복한 것은 아니다. 이왕 선택하고 주어진 길이라면 자신의 길만이 지닌 길 맛, 길 냄새, 길 향기, 길 깊이를 즐기며 자기의 길을 걸어야 한다. 내 뜻과 내 의지와는 상관없이 내 생의 대부분은 회색 매연이 깔려 있는 움푹 팬 곳이 많은 길로 느껴지니 자기 길을 사랑하는 길의 주인이 되지 못하고 길 위의 방랑자가 되고 말았다. 인생길은 역시 쉽고 만만한 길이 아니다.

사용 연한

사용하는 물건에는 쓰임의 한계가 있는데 이를 사용 연한이라고 한다. 비슷한 용어로는 내구 연한, 가동 연한이라는 말도 있다. 중요한 물건일수록 사용 연한이 중요하다. 비행기나 원자력 발전소와 같은 국민의 안위에 직결되고 중대한 영향을 미치는 분야의 중요 부품은 사용기간이 지나면 반드시 교체하도록 법으로 정해 놓았을 정도다.

그렇다면 사람의 사용 연한은 얼마나 될까?

자급자족 사회나 농경시대는 전혀 문제 되지 않던 일들이 사회생활이 복잡해지면서 물선뿐 아니라 사람에세도 사용 연한의 문제가 발생했다. 이런 문제로 서로 간에 다툼이 일어나면 법정에서 판가름을 받아야 한다. 현실적으로 자기가 하는 일을 충분히 할 만한 능력이 있다고 주장해도 제3자나 국가로부터 인정을 받지 못하여 발생하는 분쟁을 줄이기 위하여 규정을 만들고 있다. 쓰는 물건은 수명을 다하면 사용을 중지하거나 교체하면 되지만 버릴 수도 쓰지 않을 수도 없는 오묘하고 복잡한 것이 사람이다.

일차적으로 적용받는 제도가 정년이다. 말이 좋아 정년이지 사용할 가치가 떨어졌으니 자리를 비키라는 말이다. 정년은 당사자 간에 합의를 해서 기한을 늘려도 다른 문제로 제3자와 분쟁이 생길 경우 가치평가의 기준으로 나이가 절대적으로 중요한 요인이 된다. 설사 정년의 적용을 받지 아니하더라도 연령이 기준이 되어 사용 연한이 얼마나 남았는지로 법원에서 손해배상액을 산정하여 분쟁을 해결하고 있다. 사용이 불가능한 기계의 마지막이 고물 취급이듯이 사람이 정년이 되면 개인이 지닌 특성과 고유의 가치를 무시해 버리고 마치 고물처럼 사람 가격을 매기는 일이 벌어지고 있는 것이다.

물론 일반적으로 나이가 들면 기능이나 사회기여도가 현저히 떨어지는 것을 부정하지는 못하지만 나이가 많아도 젊은이 못지않은 활동을 하는 경우도 장수 시대에는 흔히 볼 수 있는 일이다. 한편 나이가 들어 자꾸만 참여할 기회가 줄어들다 보니 땀 흘려 일한 젊은 시절을 모두 부정당하는 것 같은 섭섭한 느낌을, 아직 늙을 날이 많이 남아 있는 젊은이가 어찌 알겠는가.

사람의 잔존가치를 매긴다는 것은 불가능한 일이다. 지금 하는 일 외에도 인간에게는 그 사람만의 축적된 지혜와 다양한 재능이 있다. 지금 당장 눈앞에서 볼 수 있는 것 외에도 개인이 지닌 잠재력을 나이로 매김 한다는 것은 쉽지도 간단하지도 않다.

할머니, 할아버지의 무한한 사랑의 힘을 어찌 돈으로 계산할 것이며 시니어 골프 캐디의 가동 연한을 넘어선 뛰어난 경기 운영 능력을 무시할 것인가? 택시 기사의 가동 연한이 예순이라는 판례가 있지만 여든이 넘어도 영업용 택시의 핸들을 잡고 있는 것이 현실이다.

사십 대 기수론을 부르짖던 정치인은 칠십이 넘어 대통령을 했다. 어느 정치인은 선거 때 늙은이는 판단 능력도 없으니 투표장으로 가지 말고 경로당에나 갈 일이라고 했다. 또 다른 정치인은 늙어서는 공직 같은 것을 맡는다는 것이 부적절하다고 했다. 그런 말을 한 정치인은 육십을 넘기고도 정치 일선에서 활동하고 있다. 모르긴 해도 이 말을 한 정치인은 아마 칠십을 넘기고도 정치판을 떠날 것 같지 않다. 그때는 무슨 낯으로 지지를 부탁할지 공연한 걱정까지 하게 된다.

오늘날의 칠팔십 대는 사회안전망도 없는 허술한 시대를 살아오느라 노후 순비가 부실한 세대임을 감안해야 한다. 일하지 않으면 당장 생활이 어려운 노인이 많은데 정작 노인의 고용률은 겨우 30% 에도 미치지 못한다고 한다.

모든 물자에는 사용 연한이 있고 잔존가치가 있는데도 늙은이에게 남은 최소한의 인간성마저 무시하려는 분위기로 몰아가는 것은 누구에게도 도움이 안 된다. 마치 피할 수 있는데도 늙음을 피하지 않은 듯 늙은이를 죄인처럼 바라보는 눈길이 한없이 두렵다. 처음부터 늙은이로 태어나는 사람은 아무도 없다. 늙지 않을 방법은 누구에게도 주어지지 않았다.

건전한 사회라면 나이가 많다고 무조건 경로당이나 산으로 내몰 것이 아니라 건강하고 능력이 있다면 일을 하도록 권장할 일이다. 오늘 젊다고 늘 젊을 것으로 착각하지 말아야 한다. 늙음은 기다리지 않아도 한순간에 도달하는 지척의 거리에 있다.

육십이 되어 보지 못한 오십 대가 육십 대를 어찌 알 것이며, 육십 대 역시 칠십 대를 제대로 알기는 어렵다. 칠십 대의 나를 별 볼 일 없는 나이라고 생각하고 있었는데 팔십 대로부터 '그래도 아직은 괜찮은 나이' 라는 말을 들었을 때 '그저 위로의 말이겠지' 하면서 팔십 대의 마음을 내가 짐작하지 못했는데, 팔십이 넘고 보니 칠십 대의 소중함이 절실하다.

노인이 나이만으로 대우받을 생각도 말아야 하지만 사용 연한이 지났다고 늙은이를 폐기 처분하듯 내몰 일은 더욱 아니다. 노인이 되지 않을 젊은이는 없기 때문이다.

낯선 길

신다는 것은 길을 간다는 의미이다. 길을 멈춘다는 것은 생명을 내려놓았을 때의 일이다. 생명을 다하는 날까지 자기만의 길을 가야 한다. 걷는 도중 잠깐 멈춰 쉬어 갈 수는 있지만 걸음을 멈출 수도 포기할 수도 없다. 누구나 자기 몫의 길을 간다. 내 몫의 길을 남이 대신 갈 수 없는 것이 길의 속성이고 무서움이며 길의 힘이다.

내가 남의 길을 대신 갈 수도 없지만 내 몫의 길을 남에게 억지로 전가할 수도, 사정하고 부탁해서 맡길 수 없다. 아무리 유능하고 돈이 많아도, 아무리 아끼고 사랑해도, 또 아무리 미워도 내 길을 대신 걷게 할 수는 없다. 이 세상 어디에도 자기의 길을 대신해서 걸어줄 수는 있는 사람은 없고 그렇게 할 방법도 없다. 함께 가도 각자의 길을 걸을 뿐이다. 함께 하는 길이 행복해서 걸을 수 있지만 어떠한 경우도 자기의 길이지 남이 대신해서 걷는 길이 아니다.

남이 가는 모습을 볼 수는 있지만, 보는 것과 가는 것은 같을 수가 없다. 남의 길을 따라 가도 자기로서는 언제나 처음 가는 길이다. 어제 걸었던 길을 오늘 다시 걷는다 해도 사실은 같은 길이 아니다. 스치는 바람은 어제의 바람이 아니며 지나는 사람도, 만나는 사람도 다르다. 아침에 지났던 길이 불빛으로 환해진 거리로 돌아올 때는 이미 같은 길이 아니다. 같은 길이라 해도 갈 때 오르막이면 올 때는 내리막이 아니겠는가. 같은 길이라고 착각하고 있을 뿐이다. 눈이나 비가 내리기도 하고 새싹이 돋고 없던 가지가 돋아나 이미 달라진 길이다. 겨울이라고 다 같은 겨울이 아니고 봄이라고 해마다 같은 봄이 아니다. 무성하던 잎이 낙엽으로, 또 다른 모습으로 우리들 앞의 길은 늘 변하고 달라지고 있다. 시냇물 소리를 들려주던 오솔길도, 해안 길의 파도 소리도 언제나 같을 수는 없는 일이다.

직접 걷거나 자전거같이 자기의 힘을 이용해서 천천히 가는 방법도 있지만 자동차나 비행기 같은 최첨단 설비의 도움으로 순식간에 먼 길을 빠르게 갈 수도 있다. 가는 도중 노래도 흥얼거리면서 주변 풍경을 살펴보기도 하고 지치면 쉬어 갈 수도 있고, 목표를 향해 걸음을 재촉하느라 목적지에 도착하기도 전에 지쳐 쓰러질 수도 있다. 빠르게 지나는 동안 아름다운 자연 풍광도 놓치고 훌륭한 선생님이나 친구를 놓쳐버리며 걷는 길은 행복하고 즐거운 길이 아니라 안타까운 고통의 길이다.

낯선 길을 걷는다는 것은 우리들을 기대하게도 하지만 긴장하게 한다. 아름다운 새소리가 들려오고 고운 꽃들도 피어나 눈이 즐거울 수 있지만 위험에 처하지는 않을지, 돌발 상황에 어떻게 대처할지 같은 두려움도 떼어낼 수도 없는 것이 처음 가는 길이다. 첫 길이기 때문에 누구나 서툴기 마련이다. 어제 걷던 길과 오늘 걷는 길은 같은 길이 아니며 다른 길이기에 처음 가는 길이다. 남의 길을 참고하여 걷는 것은 내 길을 안전하고 행복하게 가기 위한 수단일 뿐 스스로 가보지 않으면 그 길이 가진 긴 맛을 제대로 느낄 수 없다. 같은 길을 간다 해도 가는 사람마다 똑같은 생각으로 가지도 않고 길을 지난 후에도 같은 느낌이 되기는 쉽지 않다. 힘겹게 가기도 하고 아주 쉽게 가기도 한다. 오르막을 힘들이지 않고 가는 사람도 있고 한발 한발이 고통인 사람도 있다. 가진 체력에 따라, 처한 상황에 따라, 관심과 기대에 따라 엄청난 차이와 결과를 가져온다.

삶의 길은 언제나 처음 가는 길이고 외길이다. 아무리 과학과 문명이 발달해도 삶의 길을 두 번 가는 방법도 없고 지난 길을 한 번 더 걸을 수도 없다. 어찌 서툴지 않을 수가 있겠는가. 일상적으로 가는 길도 같은 길이 아닌데 한 번도 가보지 않은 삶의 길이 평탄할지 사막일지 눈길일지 뱃길일지 알 수 없다. 가다 보니 산길이기도 하고 과수원길이고 빙벽을 오르는 길을 가고 있을 뿐이다. 처음 가는 길을 시행착오도 없이 간다면 우연이고 행운일 뿐이다. 자기의 길을 미리 알고 가는 힘을, 신은 인간에게 주지를 않았다.

다른 사람이 가는 길이 아름답고 행복해 보인다고 모두가 그 길을 따라 갈 수 있는 것은 아니다. 따라간다고 해도 자기가 갈 때는 남의 길이 아니라 자기의 길을 갈 뿐이다. 우리는 다른 사람의 길이 아닌 오직 자기 길을 갈 수밖에 없다.

인생행로

사람이 살아가는 인생의 길이 사람마다 미리 정해져 있을까. 나이를 먹고서도 도저히 짐작조차 못 하고 있으니 어떤 길이 우리들 앞에 주어지는지 궁금하고 답답하다.

사람들은 자기가 누구인지, 어떻게 태어나고 어떤 과정의 삶을 살아갈지 매우 궁금해하고 알고 싶어 한다. 알 수만 있다면 자기가 어떠한 재능이나 능력을 가지고 있으며 어떤 길을 걸어가고, 어떻게 하면 어려움을 피하고 출세도 하고 장수도 하며 부와 명예를 누릴 수 있는지 미리 알기를 간절히 바란다. 많은 사람들의 존경을 받고 역사에 남는 유능한 사람이 되기를 원한다. 그래서인지 지금도 우리 주변에서 철학관 간판을 흔히 볼 수 있다. 사주관상이니 이름 짓는 집이라는 간판도 흔히 보인다. 풍수지리니 명리철학이라는 말도 흔히 듣고 볼 수 있다.

나에게 주어진 길이 어떤 길인지 나도 알 수만 있다면 알고 싶었다. 사람은 태어나면서 자기만의 길, 자기만의 삶이 정해져 있다고 믿었던 때가 있었다. 그래서 사주팔자를 따지고 관상을 보고 점을 치고 풍수지리에도 관심을 가졌었다. 한 때는 작명책도 사보고 우리 아이들의 이름도 직접 작명을 했다. 이것이 소문이나 가까운 몇몇 분의 아이들 이름을 지어 주기도 했다. 많은 사람들이 유명 작명소에서 거금을 주고 작명을 하고, 작명을 잘해 부귀영화나 입신양명을 누리기를 소망한다. 그러나 작명을 잘했다고 잘 살고, 작명이 나빠서 못 사는 건 아니라는 것쯤은 누구나 알 것이다. 작명 이론이나 풍수설은 옛이야기이니 그 이론을 따르는 것은 각자의 판단일 뿐이다.

중국의 근대 문학자며 사회운동가며 사상가인 루쉰(魯迅)은 이렇게 말했다. 희망이란 있다고도 할 수 없고 없다고도 할 수 없다. 그것은 마치 땅 위의 길과 같다. 본래 땅 위에는 길이 없었다. 걸어가는 사람이 많아지면 그것이 곧 길이 되는 것이다. (希望本是無所謂有, 無所謂無的 這正如地上的路, 基實地上本沒有路 走的人多了, 也便成了路)

루쉰의 글을 읽는 순간 '아! 그렇구나! 내 생각이 틀렸구나!' 하고 무릎을 치지 않을 수 없었다. 내가 태어난 것은 내 자의나 본의가 아닌 운명이라고 부를 수도 있겠지만, 내가 살아가면서 행한 모든 것들의 주체는 나였다. 내가 판단하고 내가 정한 것이다. 운명도 아니고 팔자도 아니다. 팔자를 탓하고 운명에 책임을 전가하는 것은 자기 노력의 부족함이다. 잘못된 상황의 그 책임을 나에게 돌리지 않고 운명 뒤에 숨고, 팔자라는 핑계를 대고 자기 위안을 도모하는 술책인 것이다. 내가 아무리 노력해도 이미 정해진 팔자가 있어 팔자가 바뀌지 않는다면? 모든 것을 운명으로 받아들인다면? 어떤 일에 노력을 하고 말고 할 까닭이 어디 있겠는가.

루쉰의 말처럼 이 세상에는 처음부터 길이 있었던 것이 아니다. 사람들이 자꾸 다니고 다니는 사람이 늘어나니 없던 길이 생긴 것처럼 운명만 믿고 팔자만 믿고 주체적으로 걸어가지 않는다면 길은 생기지 않는다. 내가 무엇을 할 수 있는가를 찾아보지 않으면 희망이라는 창이 보일 리 없고 한두 번 찾아보아도 보이지 않는다고 찾는 것을 포기하면 희망의 빛은 볼 수 없다. 희망이 있는 곳으로 한 걸음 한 걸음 다가가면 결국 희망이 보인다고 루쉰은 일찍이 알려 주고 있지 않은가.

결국 처음부터 정해진 운명은 없다. 타고난 팔자가 있는 것도 아니다. 루쉰은 운명도 자기가 만들고 팔자도 자기가 만든다는 것을 장황한 설명 없이 한 줄의 글로 오래전부터 밝혀 주고 있었다. 게으른 나는 팔자나 운명 뒤에 숨어 가보지도 않고 길이 없다고 가지 않았고 사주나 팔자에 없다고 노력을 덜했다. 자꾸 가야 길이 생기는데 가지도 않으면서 길이 생기기만 바라며 노력은 하지 않고 희망이 보이기만을 기다리다니 후회만 가득하고 부끄러울 뿐이다. 지금이라도 너무 늦었다고 포기하지 않고 작은 길이라도 소박한 나의 길을 걷고 싶다.

호칭

우리는 일생 동안 참으로 많은 호칭으로 불리며 살아간다. 세상에 태어나는 순간부터 호칭을 얻는다. 호적이나 주민등록부에 이름을 등재하기 전부터 자식이라는 호칭으로 시작해 아들 또는 딸의 호칭으로 삶은 시작된다. 어린이로부터 성장하면서 점점 불리는 호칭이 늘어나다가 나이가 많아지고 활동이 줄어들면 호칭도 점차 줄어들고 끝내 모든 호칭은 잊히고 지워지고 사라진다.

이제 내가 부르던 어머니, 아버지라는 호칭은 불러도 대답이 없다. 나를 아들이라고 부르던 분들은 아무리 둘러보고 찾아보아도 이 세상에는 없으니 나에겐 소용없는 호칭이 되고 말았다. 나를 동생이라고 불러주시던 누님들과 형님들이 모두 돌아가셨으니 나에겐 역시 잊힌 이름이다. 사위라고 불러주시던 장인, 장모님이 돌아가셔서 들을 수 없는 호칭이 되었고 처남이라고 불러주시던 자형들이 모두 돌아가셨으니 이 모든 다정한 호칭을 언제 다시 듣는단 말인가.

친족 간에 부르는 호칭 외에도 그동안 참으로 많은 호칭의 사치를 누려왔다. 새싹인 줄 모르고 지내버린 어린이라는 호칭도 누렸고 생기 풋풋한 학생이라는 호칭 또한 지나고 보니 화사한 호칭이었다. 한때는 수험생 혹은 응시생이라 불리기도 했다. 각종 시험에서는 합격자라는 호칭에 환호성을 지르기도 했다. 불합격자나 탈락자라는 호칭으로 내몰릴 때는 참담한 심정이 되어 호칭의 위력에 주눅 들기도 했다. 여러 단체에 가입하여 회원이라는 호칭으로 함께 어울리기도 했다. 직장에서는 사원으로 불리고 관청을 찾아가면 어느새 민원인이라는 호칭으로 용무를 보았다. 직장생활 중에도 훈련원생 또는 수련원생이라는 별도의 호칭이 겹치기도 했다. 새신랑이라는 호칭 시기는 너무 짧았고 원하지 않아도 할아버지니 노인이라는 호칭이 언제부터 나를 따라다닌다. 호칭의 수가 점점 늘어나는 동안은 허여된 호칭만큼 해야 할 일도 많았다. 좁은 소견에 호칭에 얽매이는 것 같아 부담스러울 때도 있었지만 지나고 보니 그 시절이 보람 있고 자랑스러웠던 때였었다.

돌아보니 허망하게 떠날 호칭들이었는데 그때는 호칭에 왜 그렇게 연연하고 민감했을까? 서기보다는 주사라는 호칭이 더 반짝반짝 빛난다는 착각을 하고 살았다. 과장보다는 부장이라고 불러주면 더 살맛이 나는 듯했다. 분명 오너가 있는 회사에서 이사며 전무라는 호칭들도 들여다보면 허울뿐인 줄 번연히 알면서도 체면치레용 호칭에 최면이 걸려 멋모르고 부러워하고 자랑스러워했다. 남아 있는 호칭을 불러주는 사람이 아무리 많다 해도 머지않아 아무 소용없는 날이 오는 것까지는 마음 쓰지 못했다.

나이를 더 한다는 것은 한동안 호칭의 수가 늘어간다는 뜻이기도 했다. 하지만 호칭의 수에도 한계는 있는 법인지 어느 시기를 지나고부터는 호칭이 나를 떠나기 시작했다. 설사 호칭이 남아 있어도 소용없는 호칭들 뿐이다. 있다 해도 부르는 이가 없어 소용없는 호칭이 되고 말았다. 지금껏 나를 떠나지 않고 남아 있는 호칭마저 부르는 일이 점점 줄어들 것이고 머지않아 아주 잊힐 호칭이 아니겠는가. 만나면 농담부터 먼저 하며 허물없이 부르던 친구의 호칭도 점점 줄어들고 있다. 내가 친구라고 불러줄 사람도 줄고 나를 친구라고 불러주는 사람도 줄고 있다. 친구라는 호칭마저 겨울철의 노을처럼 사라질 날이 그리 멀지 않다.

한편 나에게 허여된 그 많은 호칭들에 걸맞게 성실하게 살아왔는지 생각할 때면 너무 많이 모자랐음을 솔직히 인정하지 않을 수 없다. 그동안 사랑스럽게 나의 호칭들을 불러주던 수많은 분들에게 호칭에 보답하지 못한 것을 어떻게 속죄하고 용서를 빌어야 할지 막막하다.

살아오는 동안 너무 무겁고 힘든 호칭이 왜 없었겠냐마는 그

동안 나를 감싸고 있던 수많은 호칭 중에는 참으로 용기를 주며 가슴 따뜻하게 해준 호칭들에 감사한다. 내 모든 것을 쏟아부어도 아깝지 않은 호칭임에도 갖가지 구실로 역할을 소홀히 한 것에 진심으로 사죄하고 싶다. 내가 좋아한다고 해서 호칭이 끝까지 동행해 줄 리야 없겠지만, 얼마 남아 있지 않은 호칭이나마 욕되게 하지 말고 아름답게 마무리하고 싶다.

남자 당신 탓이 아닙니다

어릴 적 외국 영화에서 가끔 여자 주인공이 남자의 뺨을 때리는 장면을 보면 그 당시는 정말 상상하기도 어려운 장면이었다. 외국이란 곳이 원래 그런가 하면서 이해하기 힘들었다. 그것이 몇십 년 뒤 우리에게도 벌어지라고는 예측을 못 한 것이 사실이다.

남녀 평등은 교과서에 등장하는 주요 교육 항목이기도 했다. 그런데 언제부터인지 숫자로 표기하기는 어렵지만 점점 드세지기만 하는 여자의 힘이 어디까지 갈지 두렵다.

남자가 여자의 힘에 눌려 지내는 가정이 점점 많아지고 있나는 우리나라의 현실을 부정하지는 못한다. 아직 남자의 힘이 여자보다 우세한 가정이 있을 수 있지만 가면 갈수록 그 수는 급격히 줄어들 것이 분명하다. 그동안 수천수만 년 남자가 가정이나 사회를 지배해 온 것은 역사가 증명한다. 물론 세상은 음지가 양지된다는 이치가 여기에서도 예외일 수가 없겠지만 너무 오랫동안 세상을 남자가 지배하다 보니 반발 세력이 탄생하지 않을 수 없다. 당하면 갚을 방법이 생기는 법이다. 눌려 지내온 서러움을 언제까지 당하고만 있을 것이라고 힘만 과시해 온 남자에게 책임이 없을 수 없다.

처음 인간이 태어나면서 남자와 여자는 육체적으로 구분되었다. 남자에게는 강한 힘을, 여자에게는 임신과 육아의 능력을 신체적으로 구분해 주었다. 남자의 강한 힘에 여자는 의지하지 않으면 생명 보존이 어렵고 임신과 육아의 능력으로 여자는 절대적인 남성의 보호를 받을 수 있었다. 원시 사회는 남성에게는 천국이나 다름없었다. 그러나 사람이 문명이라는 옷을 입기 시작하면서부터 문명이 남자의 힘을 조금씩 여자 쪽으로 옮기기 시작했다.

사냥은 빠르고 강한 힘으로 하다 보니 남자들에게 의지하지 않을 수 없었다. 농지를 개발하고 수로를 만드는 것도 힘센 남자들의 몫이었다. 무거운 것을 운반하고 침략자를 막는 것도 강한 남자에게 의지하지 않고는 육체적으로 약한 여자가 감당하기는 어려운 일이었다. 험한 파도와 싸우며 고기를 잡는 것도 여자보다는 남성이 더 능률적으로 일을 처리할 수 있었다.

남자가 힘을 잃어가는 원인은 남자에게 의지할 필요성이 줄어들고 남자의 도움이 조금씩 줄어들어도 생활에 불편을 덜 느끼기 시작하고부터이다. 운반 기구를 이용하면 남자에게 의지하지 않아도 얼마든지 해결되니 굳이 남자를 찾을 필요는 그만큼 줄어든다. 무거운 가구를 옮기는 데도 편리한 기계가 많이 늘어나면서 여자 스스로 해결이 된다. 부족 간이나 국가 간의 무시무시한 전쟁도 이제 남자들의 전유물은 아니다. 문명이 남녀 구분을 두지 않고부터 남자의 전성시대는 고별하지 않을 수 없게 되었다.

남자 아니면 안 되던 일들이 편리한 기계의 발달로 여자의 힘으로도 어렵지 않게 해결이 가능하다. 남자에게 의지할 필요성을 느끼지 않을수록 남자는 상대적으로 설 자리를 잃지 않을 수 없다. 남자들의 전유물인 일터에서 여자들이 남자 못지않게 일 처리할 수 있게 되고부터 남자의 힘은 상대적으로 줄어들게 되었다. 여자들이 하기 힘들다면야 남자들에게 의지하겠지만 그럴 필요를 그다지 느끼지 않는다면 남자에게 부탁할 일도 없을 것이고 남자 일, 여자 일 구분이 없어진다면 그동안 육아나 살림살이로 남자보다 더 많은 능력이나 지혜를 쌓은 여자를 상대하기가 쉬운 일은 아니다. 더구나 오랜 세월 동안 남자의 힘에 억눌려 온 억압과 서러움을 갚을 절호의 기회를 그냥 넘길 여자들이 아니지 않은가.

곡식을 수확해 오고 사냥감을 구해 오고 직장이라는 곳에서 월급을 받아 오던 시절에는 그래도 남자에게 조금의 권위는 남아 있었다. 여자들이 직장에 나가고 사업 일선에서 남자들과 어깨를 겨누는 경제활동으로 인해 결정적으로 남자들의 힘은 고무풍선에 구멍이 뚫리는 듯 되었다. 모든 사회가 시장경제로 바뀌고 남자들에게 의지하지 않아도 생활을 꾸리는데 불편을 느끼지 않는 여자들이 생활전선에 깊숙이 참여하면서 남자가 힘을 잃게 되는 것은 남자 개인의 잘못이 아니라 피할 수 없는 일이다. 힘을 잃은 남자들이 특정 가정에만 해당되는 일은 아니다. 남자들의 힘이나 경제적 지원이 아니라도 여자 홀로서기가 가능해진 사회 탓이지 남자들이 무능해서도, 남자들의 육체적 힘이 약해서가 아니다. 거기다 여자들의 전유물인 임신의 특성만은 사회 문화가 아무리 발전해도 남자들에게 양보할 수 없는 일이 되고 보니 남자들은 더 힘을 못 쓴다.

지금까지는 능력 있는 남자들이 축첩을 해왔지만 앞으로 능력 있는 여자들이 여럿의 남편을 거느리고 사는, 여성 초 우월의 시대가 올지 모를 일이다. 남자의 힘에 의지하지 않고는 살아갈 수 없을 때 일부다처가 가능했었지만 여자의 힘이 남자보다 강해지면 일처다부제가 별로 이상하지 않은 시대가 머지않아 올 것이다.

남자들이 큰소리치는 모습을 보아왔던 마지막 세대가 요즘의 남자들이 되겠지만 남자들의 잘못만은 아니다. 문명 문화 발전이 살길이라고 밤잠 자지 않고 땀 흘린 이면의 어두운 그림자이지 남자들의 무능 탓만은 아니다. 그리고 세상은 또 달라진다는 것을 잊지 말아야 한다. 세상은 돌고 돌며 양지가 음지 되고 음지가 양지가 된다는 사실을.

감사한 일

위로 딸 넷과 막내아들 하나를 두었다. 지금이라면 다산가정이라고 국가 유공자로 장려금도 받고 공로패라도 받을 일이지만 그때는 국가 시책을 거역하는 부끄러운 국민이었다. 직장에서는 둘만 소득공제 대상이었다. 의료 보험 카드에도 둘만 등재가 되어 나머지 셋은 병원에 가도 아무런 혜택을 받지 못했다. 불과 사오십 년 전의 일이었다.

집사람은 딸만 셋인 집안의 장녀로 자랐다. 아들에 대한 집착이 대단했다. 아버지마저 일찍 돌아가시어 남자 없는 집안의 애로사항을 몸소 겪다 보니 어머니의 전철을 되풀이 하고 싶지 않다는 생각은 집념에 가까웠다.

첫째, 둘째까지는 그러려니 했었지만 셋째에 이어 넷째까지 딸이 태어나기까지 인공유산도 권해 보다가 나는 다섯째가 임신된 줄도 모른 채 집사람에게 알리지도 않고 정관수술을 했다.

어물어물하다 빠듯한 봉급생활자로 부양하기에는 감당하기 어려운 대가족이 이루어지고 보니 더 이상의 방법을 찾지 못했다. 그때는 주위 사람들이 다산하는 사람들을 야만인 취급을 하고 놀림감으로 삼기도 했지만 다 장성하여 자기들 몫을 하다 보니 자식들 덕 많이 봐서 좋겠다고 이제서야 부러워들 한다. 격세지감이고 이를 두고 새옹지마라고 해도 되는지 모를 일이다.

아이들이 모이면 자랄 때의 애환을 이야기하면서 시간 가는 줄 모른다. 일일이 다 챙기기도 어려운 일이었지만 스스로가 살아남기 위해서는 어떻게 해야 하는지를 자연스럽게 터득했다. 서로 도우는 방법을 알아갔고 형제지간의 경쟁이 스스로 성장하는 좋은 촉매제고 영양제가 되었다. 자식이 많아서 힘든 점도 있지만 많아서 좋은 점도 어찌 없겠는가.

셋째와 넷째에게는 막내에게 감사하라고 이야기한다. 아들이 셋째로 태어났다면 셋째 딸과 넷째 딸은 이 세상을 구경하지도 못했을 테니 아들이 늦게 태어난 것이 얼마나 다행한 일인가. 반대로 아들에게도 말한다. 네가 이 세상을 구경하게 된 가장 큰 공직은 두 누나에게 있다. 둘 중에 하나라도 아들이었으면 물어볼 것도 없이 이 세상에 태어날 가망은 거의 0%에 가깝기 때문이다.

돌아보면 별것 아니라고 아무 생각 없이 행한 지난 일들이 지금 생각하면 감사하고 고마운 일들이 한둘이 아니다. 아버님의 판단 착오로 누대의 재산을 처분하고 일본으로 갔다가 얼마 안 있어 해방이 되자 따지지도 묻지도 않고 귀국하게 되면서 나는 무척 가난한 어린 시절을 보냈다. 먹을 것이 제대로 없어 배를 채울 것이면 좋고 나쁜 것을 가릴 처지가 아니었다. 산이나 들에서 채취하는 나물이나 열매는 말할 것도 없고 바닷가의 거친 해초들마저 배를 채울 수 있다면 한없이 고마운 먹거리였다. 이런 성장기 때문에 나는 음식 타박을 하지 않는 식성을 지니게 되었다. 무엇이든 못 먹는 음식이 없다. 맛없는 음식도 없다. 호사스럽게 자란 사람들이 진수성찬을 찾아다니는 수고를 나는 하지 않아도 되니 이 또한 감사할 일이 아닌가. 못 먹는 음식도 안 먹는 음식도 없으니 얼마나 감사한 일인가. 다만 술을 먹지 못해 젊은 시절 조금 어려운 때도 있었지만 술 때문에 지탄받은 일도, 음주운전의 염려가 없는 것도 감사할 일이다.

바로 위의 형님이 아주 어릴 때부터 담배를 배워 피웠다. 한방에서 생활하다 보니 골초 형님의 담배 냄새와 연기에 찌들리지 않을 수 없었다. 그 싫은 연기와 냄새 때문에 어릴 적부터 다짐하고 결심했다. 나는 절대로 담배를 피우지 않겠다고. 그래서 지금까지 살아오면서 담배를 피우지 않고 살았다. 이 얼마나 감사하고 고마운 일인가. 아이들이 많은 가정에서 내가 담배를 피웠다면 아이들 건강에도 좋지 않았을 테고 담배 때문에 부부싸움은 없었으니 감사한 일이 아닌가. 요즘처럼 아파트 주거 공간에 살다 보면 실내금연 안내방송이 매일 같이 반복되지만 나에게는 먼 남의 나라 일이고 해당되지 않으니 이 얼마나 천만다행인가. 추운 겨울에 벌벌 떨어가면서 현관 밖으로 나가 담배를 피우지 않아도 되니 이 또한 감사할 일이 아닌가.

어려움이고 고통이라고 생각한 날들도 지나고 보니 보물처럼 값지고 감사한 일이 되기도 하니 어렵고 힘들다고 절망하기에 우리에게는 오늘 하루가 감사하고 너무 소중한 날이다.

부끄러운 일들

이 세상에 생명을 지닌 많은 것 중에 사람 외에 부끄러움을 아는 것이 또 있을까. 부끄러움을 안다는 것은 사람이 사람답게 사는 데 가장 필요한 기본 요소이다. 부끄러움은 법률로 다스릴 수는 없지만 법보다 더 높은 차원이다. 부끄러움을 흔히 양심이라는 말로 표현되기도 한다. 짐승과 달리 더 많은 것을 누리고 사는 것을 용인받는 대가로 짐승들에게는 없는 부끄러움이라는 짐을 지워준 것은 신의 묘수라고 믿는다. 사람만이 부끄러움을 안다. 부끄러운 일을 하고도 부끄러움을 모른다면 사람임을 포기함이다. 부끄러운 짓을 했을 때 부끄러움을 느끼는 것은 부끄러운 짓을 하지 말라는 경고다.

부끄러운 짓을 하고도 부끄러움을 느끼지 못하는 사람과 깊은 인간관계는 금물이다. 사람과 짐승을 구분하는 가장 중요한 요소는 부끄러움을 아는 것과 부끄러움을 모르는 것이다. 부끄러운 짓을 하고도 부끄러움을 모르는 사람이라면 껍질만 사람이다. 말과 행동을 할 때는 부끄러운 일인지 아닌지를 살펴야 한다. 행한 일이 나중에 부끄러운 일이라고 알았을 때는 빨리 사과와 용서를 구해야 한다. 같은 부끄러움을 되풀이하지 않는 것이 부끄러움을 아는 사람이다. 자기중심적인 해석으로 무게의 중심축을 한가운데에 놓지 않아 사고의 출발부터 부끄러움이나 양심의 소리를 배재한 행동을 몰염치한지도 모르고 정당화하는 경우가 의외로 많다.

가까운 사람들로부터 믿을만하다 라는 소리를 들으면 나는 부끄러워진다. 참견하지 않고 듣고 있다 보면 틀린 소리를 하지 않은 셈이 되어서이다. 속담에 가만히 있으면 일등은 못 해도 이등은 간다는 말은 나를 두고 하는 말인가. 나를 믿는다는 말을 들으면 참으로 민망하고 부끄럽다. 남의 돈을 떼어먹은 기억은 없고 남의 물건을 가로챈 일은 없지만 내가 정직한지 아닌지는 검증이 되지 않았다. 정직한 사람으로 보인다면 정말 위험하고 큰일 날 일이다. 부정을 저지를 기회가 없었고 뇌물을 받을 자리에 있어 보지 않아 정직 여부를 가늠할 기회가 없었을 뿐이다. 부정할 기회가 와도 부정을 하지 않고 뇌물을 주어도 거부해야 정직하다는 말이 어울리는 사람이라 할 것이다. 기회가 없어 부정하지 않았을 뿐 정직한 사람이라는 칭찬은 너무 성급한 일이다. 나는 나를 과연 믿을 수 있는가.

젊은 시절 친구들이 나를 곡식에 제비 같다는 말을 하면 너무 부끄러웠다. 예쁘고 잘난 여자에게 전혀 관심이 없는 것이 아니었다. 호감이 있어도 오르지 못할 나무는 쳐다보지 않았을 뿐이다. 내가 좋아해도, 마음에 들어도 길이 아니기에 다만 절제했을 뿐이지 감정까지 없는 놈은 아니었다. 지금까지 살아오면서 스캔들이 없었다고 곡식에 제비라는 말을 들으면 속마음을 들킨 것 같아 민망하고 부끄러워진다. 오르지 못할 나무는 쳐다보지 않았을 뿐인데 속이 뜨끔하고 부끄럽기 짝이 없다.

바닷가에 산 지 십 년이 넘었다. 왜 교통이 불편한 곳에 사느냐고 걱정을 해 준다. 태풍 소식에 걱정을 해주고 해풍으로 불편하지 않냐고 물어준다. 지하철 인근에 살면 교통비도 절약하고 시간도 많이 줄일 텐데 왜 불편을 감수하느냐고 걱정해 주니 고마운 일이다. 눈만 뜨면 끝없이 펼쳐진 푸른 바다를 마음껏 누릴 수 있고 밤이면 등댓불을 바라보며 저 많은 선박들이 무슨 사연을 싣고 오가는지 상상하고 밤바다의 달빛이 너무 곱고 아름다워 산다고 말하지만 사실이 그게 전부는 아니다. 나라고 모두가 부러워하는 최상의 고가 주거지가 싫겠는가. 다만 능력이 모자란다고 말하지 않는 내가 부끄러울 뿐이다.

부끄러움에 관한 이야기는 끝없이 지속되고 있다. '한 점 부끄러움이 없기를 잎새에 이는 바람에도 나는 괴로워했다' 라는 시인 윤동주의 서시가 많은 사람들로부터 사랑을 받는 것은 우리들에게 부끄러움을 생각할 기회를 주어 고마운 일이다.

무지에서 오는 부끄러운 일들은 무지에서 깨어나면 벗어날 수 있지만 심한 편견이나 아집에서 오는 부끄러운 일들은 쉽게 고쳐지지 않으므로 많은 사람들에게 고통을 주고 절망에 빠뜨린다. 부끄러운 일을 하고도 부끄러움을 모른다면 사람다움을 포기하는 것과 다름없다. 부끄러운 짓을 했을 때 부끄러움을 느끼는 것은 부끄러운 짓을 하지 말라는 경고음이다. 경고음을 반복해 듣지 않도록 노력하는 것이 자기를 아끼는 일이고 자기를 사랑하는 일이며 자기를 사람답게 관리하는 일이다. 인간이 부끄러움을 안다는 것은 너무 고마운 일이다.

늙은이라 미안합니다

경기가 어렵고 경제성장의 둔화 이유에 약방의 감초처럼 노령화니 초고령화라는 말이 뒤따르는 것이 노인들이 너무 많아 성장이 안 된다는 것으로 들리는 것은 자격지심 때문일까. 우리나라가 유독 고령화 속도가 빠르다는 보도를 듣는 노인은 잘못을 저질러 야단을 맞는 느낌이다. 늙으면 젊은이들의 짐이 되고 힘들게 한다는 것을 부정하지 않지만 그렇다고 목숨을 포기할 수도 없는 노릇이다.

지금의 노인들은 6.25 전장의 포화를 온몸으로 맞은 세대다. 몸뚱이 하나로 월남에서, 서독에서 외화를 벌어들였다. 보수 없이도 가난을 몰아내고자 새마을 운동의 새벽종을 힘차게 울렸다. 열사의 건설 현장에서 비지땀을 흘렸고 외항선에서 거친 파도와 사투를 벌였다. 민주화 투쟁에도 피를 흘렸다. 열악한 건설 현장과 공장에서 비지땀을 흘리며 가난의 멍에를 벗어나려고 젊음을 맡겼다. 가혹한 가난을 몰아냈고 국제적 위상을 세우는 데 온 힘을 쏟았다. 결코 아무 일도 하지 않고 놀기만 한 노인들이 아니다. 정신없이 뛰다 보니 젊은이들의 짐이라고 몰아세워도 어느새 아무런 노후 준비도 없이 벼랑 끝에 서 있다.

어느 정치인은 늙은이는 판단력도 흐리니 선거 때에 투표도 말고 경로당에나 가라고 한다. 서운함을 하소연할 힘도 잃었다. 이런 말을 한 사람은 늙음을 피할 수 있는 어떤 묘안을 가지고 있는지 묻고 싶다. 노인이 되고도 국민의 지도자가 되겠다고 정치판을 떠나지 못하는 자기를 어떻게 설명할지 궁금하다.

젊은이의 판단은 신선하지만 젊음을 거치지 않고 바로 노인이 된 사람은 없다. 노인들은 많은 시행착오를 겪으면서 젊음을 경험했지만 젊은이는 아직 노인을 경험하지 못했다. 경험해 보지 않은 젊은이가 노인을 알기는 쉬운 일이 아니다. 지금의 젊은이도 언제까지 젊은이로 머물 수는 없다. 노인이 생각보다 훨씬 더 빠르게 된다는 것을 지나고야 알았다. 노인들도 젊은이들에게 기댈 생각만 하지 않는다. 부르는 곳이면 어디든지 달려간다. 쓰임에 응하는 것은 젊은이의 짐을 조금이라도 덜어주려는 뜻이나. 젊은이가 기피하는 일도 기꺼이 맡는다. 쓰임을 받는 과정이 어쩌면 살아가는 이유이기도 하다.

기둥을 받치는 주춧돌이 젊은이의 역할이라면 흔들리거나 기울어지지 않도록 빈틈을 채워주는 작은 돌도 필요하지 않은가.

수반 위에 점잖게 자리 잡아 애호가들의 눈길을 받는 멋진 수석의 좌대나 모래 역할은 노인의 몫으로 돌려도 좋지 않은가. 골재는 시멘트와 콘크리트 속으로 사라져 보이지 않아도 건물을 지탱하는 데 힘을 보태듯 크게 드러나지 않는다고 노인들의 몫을 깡그리 무시해 버린다면 힘 빠진 노인들은 슬플 뿐이다.

만리장성도 큰 돌만으로 튼튼한 성곽이 되지 않는다. 큰 돌의 역할을 충실히 하도록 안전하게 받쳐주는 작은 돌도 무시할 수는 없다. 큰 명예를 누리고 빛나도록 힘을 보탠 받침돌에도 기뻐할 기회를 주어야 한다. 비록 일선에서 밀려나도 젊은이들이 안심하고 일을 할 수 있도록 집안을 꾸리는 노인도 적지 않다. 신문을 구독하고 책도 읽으니 독자의 쓰임이 있고 TV를 시청하니 시청자로서의 쓰임이 아닌가. 노인복지관에서 각종 프로그램을 수강하고 있으니 회원 또는 수강생으로서의 쓰임이다. 버스를 타고 다니면 승객이 되고 친목회에 나가니 회원으로 쓰임이 있고 같이 밥을 먹기도 하고 안부를 주고받으며 가까운 산에 오르니 친구가 된다. 가끔이지만 필드의 동반자로 불려 가니 조금은 생색을 내도 좋지 않은가. 봉사단체에 소액이지만 매월 낸다면 후원자로서의 쓰임이 있고 함께 있다가도 학원버스가 돌아올 시간이면 열일을 제쳐두고 귀가하는 손자 마중을 최우선이라고 총총히 사라지는 늙은이의 역할도 결코 가벼운 것이 아니지 않은가.

노인성 질환으로 병원을 찾으니 반갑지는 않겠지만 의료기관의 성업과 무관하지 않은 고객의 쓰임이다. 자동차를 운전하니 유류의 소비자요, 소득이 없어 갑근세는 내지 못해도 각종 간접세와 자동차 세금에다 보험료 같은 공과금을 납부하는 어엿한 납세자의 몫도 있다. 작지만 아파트에 살고 있으니 재산세 납부자이기도 하다. 정비 공장의 고객이기도 하니 전혀 쓸모없는 늙은이라고 구박만 할 일은 아니다.

늙은이가 대들보나 주춧돌 역할을 감당하지는 못한다 해도 대들보나 주춧돌만으로 안락한 집이 되지 않는다. 머지않아 이런 쓰임마저 하나둘 줄어들어 아무 쓰임이 없는 날을 맞겠지만 늙음을 피하지 못한 노인들을 골칫덩어리 취급은 너무 야박하고 섭섭하다. 고령인구의 비율을 높인 것은 저조한 출산의 문제이지 노인 탓이 아니지 않은가.

젊음은 기다려 주지도 않지만 노인들이 짐이라고 불평하는 젊은이도 머지않아 미래의 젊은이들의 짐이 됨을 피할 방법이 없다. 늙은이를 불편의 대상으로 만드는 쏜살같은 세월을 피할 길은 누구에게도 주어지지 않는다. 세월을 이기지 못하고 견디지 못한 죄 밖에 없는 늙은이를 경제성장의 발목을 잡는 주범이라는 굴레로 더 서글프게 만들지 않기를 바랄 뿐이다.

나는 나를 사랑했는가

매일 세수를 하고 면도를 하는 것은 나를 사랑하기 때문이다. 음식을 먹고 볼거리를 찾아다니는 것도 나를 사랑하는 또 다른 방법이다. 아프면 치료를 받고 약을 먹는 것도 나를 사랑하는 또 다른 길이다. 부와 명예를 얻고자 하는 것도 나를 사랑하는 방법이다. 나를 사랑하기 때문에 배우기도 한다. 이런 많은 과정들이 나를 사랑하는 길이고 고통과 어려움으로부터 벗어나고자 하는 것 또한 나를 사랑하는 과정이다. 다른 사람들로부터 인정받고 싶어 하는 것도 나를 사랑하는 또 다른 표현이기도 하다. 하지만 이런 방법만으로는 제대로 나를 사랑하기에는 부족하다.

처음부터 타고 나지 않은 재능에 불평하기보다는 비록 거창하지 않고 대수롭지 않아도 하는 일과 말에 진심을 담아 마음을 맑고 밝게 가꾼다면 바로 나를 사랑하는 일이다. 내게 주어진 것에 충실히 하는 나를 어찌 사랑하지 않을 수 있겠는가. 나 자신을 사랑할 수 없는 대상으로 만들어 놓는다면 사랑한다기보다 오히려 기피의 대상으로 만드는 것이다. 베풀기도 전에 생색내기에 바쁘다면 자신을 사랑한다고 하기에는 부끄럽지 않겠는가.

이기주의가 나에게 당장은 이익이 되는 것처럼 보일지는 모르지만 결국은 나를 궁지로 몰아가는 지름길이고 나를 사랑하는 최악의 방법이다. 내가 먼저 편해야 하고 내가 더 많이 누려야 한다는 생각은 나를 사랑하는 길이 아니다. 오물을 뒤집어쓴 채 사람들 속에서 거리낌 없이 행동하는 것과 다르지 않다. 자신을 뭇 사람들의 기피와 저주의 대상으로 만들어 놓고 어떻게 나를 사랑한다고 할 수 있겠는가. 외면은 물론 내면이 더러워도 내버려 둔다면 사랑할 수 없는 대상으로 자신을 버린 경우다. 나를 스스로 사랑하게 만들지 않으면 어느 누구로부터도 사랑받기는 기대하지 말아야 한다. 작은 힘이나마 어려운 사람의 고통을 조금이라도 덜어준다면 이런 나는 사랑해도 좋다. 이런 날은 스스로 칭찬을 해도 부끄럽지 않은 날이 된다.

부모가 잘못하는 자식을 야단치는 중요 이유는 자식을 사랑하기 때문이다. 자식을 야단하는 것과 같이 나에게 먼저 사랑의 매를 가해야 한다. 자식의 무례한 행동에 야단을 치는 것은 바르게 자라도록 하기 위한 사랑에서 출발한다. 사회인으로서 책임과 의무를 다함은 자식들의 삶이 보람되도록 하기 위한 사랑에서 나온다. 사랑이 결여되어서는 교육의 효과를 제대로 거두기는 어렵다. 자식의 잘못을 지적하듯이 나의 잘못을 스스로 야단치고 반성하며 진심 어린 사과를 하는 것은 나를 사랑하는 사람만이 할 수 있다. 편파적이고 이기적인 사랑이 아니라 과정과 결과가 아름다워 스스로 사랑하지 않을 수 없게 만드는 것이 진정한 자기 사랑이다. 내심으로 잘못을 인정하면서도 귀찮다고, 하기 싫다고, 쑥스럽다고 아니면 이 고비만 넘기면 그만이라고 여긴다면 나를 더욱 초라하게 한다. 스스로도 나 자신을 사랑할 수 없는 대상으로 만든다면 이 세상에 나를 사랑해 줄 사람은 어디에도 없다.

어렵고 힘이 들어도 옳은 길, 바르고 보람된 길을 가기 위한 노력은 나를 사랑할 때 행할 수 있다. 지금 당장 편하기 위해 수고를 하지 않는 것은 얼굴에 묻은 오물을 씻지 않고 사람들을 만나는 것과 다르지 않다. 지금 귀찮고 하기 싫다고 해야 할 일을 내버려 둔다면 내 몸에서 악취가 나는 채로 사람들 속으로 들어가는 짓이다. 내가 할 수 있음에도 하지 않고 기피하고 내버려 둔다는 것은 나에게 무책임한 일이며 나를 사랑하는 일은 아니다. 명백한 잘못을 하고도 진심 어린 사과를 하지 않는 것은 오물을 뒤집어쓰고도 부끄러운 줄 모르는 짓이다. 스스로 사랑할 수 없도록 내팽개쳐 버린 것이다.

사람마다 똑같은 재능을 가진 것은 아니다. 같은 재능을 지녔다 하더라도 결과를 얻는 것은 노력 여하에 달려있다. 내 능력 안에서 최선을 다하는 것이 진정 나 자신을 사랑하는 확실한 방법이다. 하지만 돌아보니 무책임하게도 제대로 관리하지 않았고 오히려 방치에 가까웠다. 나 자신을 야단치기보다는 너무 쉽게 용서도 했다. 야단을 맞아도 너무 쉽게 잊어버려 같은 잘못을 수 없이 되풀이했다. 잘못을 야단하고 반성하지 않고 방임하여 결국 사랑할 수 없는 대상으로 만들어 버렸다. 나는 안 해도 되고 못 해도 되는 핑계와 구실을 스스로 만들었다. 능력이 모자란다고 하기도 전에 쉽게 포기해 버렸다. 능력이 모자라 할 수 없는 것은 어쩔 수 없다 해도 지닌 능력만큼도 노력하지 않았다. 내가 부족한 점이 분명 많다는 것도 알지만 내가 가진 능력만큼이라도 노력하거나 할 수 있는 것이라도 제대로 하지 않았고 못 했다. 일방적이고 편파적이며 이기적으로 나를 사랑했었다. 내 능력으로는 안 될 거야, 이루기엔 너무 힘이 들어, 하기 싫어, 귀찮아 등 패배 의식에 젖었었다.

제대로 가꾸지 않은 땅이 황금 들판을 이루거나 향기로운 꽃밭이 될 리가 없다. 인생의 종착역에 가까워져서야 내가 내려야 할 주변을 둘러본다. 어느 누구로부터 인정받는 것보다 내가 인정하는 '나'일 때 나는 이 세상에 존재할 충분한 가치가 있다고 믿는다. 이런 나라면 정말 스스로 사랑한다고 해도 좋을 것 같다.

강규인 제4 수필집

세·상·에·절·대·로·공·짜·는·없·다

4 부

물꼬

산다는 것

사기꾼과 효자

수數의 감옥監獄

말글 많은 사람

부음訃音

잃어버린 여유

통촉 하옵소서

성취감

그걸 해서 뭣해

너부 늦게 철이 나나

물꼬

논농사에 물은 논만큼 중요한 자원이다. 논배미에 물을 채워 모내기를 한 후 벼가 잘 자랄 수 있도록 논의 물을 조절 해주는 것이 물꼬다. 바람이 많이 불면 벼가 쓰러지는 것을 막기 위해 수위를 높이기도 한다. 김매기를 할 때는 물을 어느 정도 빼내어야 한다. 비료를 줄 때도 물이 너무 많으면 시비 효과가 떨어지므로 이를 막기 위해 물꼬로 논의 물을 조절한다. 가뭄이 들면 한 방울의 물이라도 절약하기 위해 물꼬를 단단히 막아야 하고 갑자기 비가 많이 쏟아지면 물을 빼기 위해 농부가 가장 먼저 달려가는 곳이 물꼬다. 평소에는 있는 둥 마는 둥 잊고 지내지만 농번기에는 하루에도 여러 번 발걸음을 하여 물꼬를 닫기도 하고 트기도 해야 하는 소중한 곳이다.

지금이야 웬만한 농촌이면 농로만큼 수로도 잘 정비되어 위 논물이 아래 논을 거치지 않아도 수로를 통해서 물을 공급받기도 하고 배수도 가능하다. 그런 시설이 없던 가난한 시절의 벼농사는 평소에는 한 가족처럼 지내던 이웃과도 가뭄이 들거나 홍수가 나면 물꼬 때문에 시비가 일어났다. 가뭄이 들면 타들어 가는 논바닥만큼 농부의 애간장도 타다 보니 서로 논물을 채우기 위해 남의 논물을 빼내느라 물꼬 시비가 끝이 없었다. 저수지에 수문이 허술하면 물난리를 불러오듯이 농부에게 물꼬는 가족의 생계가 걸린 중요한 문제다. 제대로 관리하지 않으면 논둑이 터지기도 하고 가을이 되어도 수확할 것도 없어져 빈손이 되고 만다.

많은 강수량에도 물꼬를 트지 않는다면 논둑은 결국 무너진다. 논둑 무너지는 것을 두려워해 물꼬를 늘 열어 놓기만 한다면 많은 비가 내릴 때 논둑 무너지는 것은 막을 수 있을지는 몰라도 결국 논바닥은 갈라지고 가을이 되어도 곳간을 채울 식량을 구하기 어렵게 된다. 성실한 농부는 물꼬를 닫고 열 때를 안다. 게으름을 피우다가는 논바닥은 갈라지거나 물에 잠겨 수해를 피하지 못한다.

비록 농부가 아니라 하더라도 누구나 자기만의 물꼬를 가지고 있다. 마음의 물꼬가 있다. 논의 물꼬로 논의 수위를 조절하듯이 누구나 마음의 물꼬를 높이기도 하고 낮추기도 하며 삶을 살아간다. 주변을 무시하고 자기주장만 한다면 물꼬 관리를 제대로 하지 못하는 것이다. 마음의 물꼬로 삶의 홍수도 조절하고 가뭄도 막을 수 있다면 풍성한 가을을 맞이하듯 여유로운 삶을 누릴 수 있다. 자기의 물꼬를 열 때인지 닫을 때인지를 안다는 것은 자기 관리를 잘 하는 사람이다. 하지 말아야 할 행동을 하고 하지 말아야 할 말을 하는 것은 자기 논에 물을 채우기 위해 남의 논물을 몰래 빼가는 짓이나 다르지 않다. 반드시 해야 하는 일을 두고도 방관하거나 모른 체하는 것은 논둑이 터져 아래 논이 피해를 입을 것이 분명한데도 아무런 조치를 하지 않는 것과 다르지 않다. 할 때 하지 않고 하지 말아야 할 때 나서는 것은 물꼬 조절을 방관하는 것과 같이 자기 관리를 부실하게 하는 것이다.

물꼬는 넘치는 것을 막기도 하지만 있을 때 절약해 두었다가 요긴하게 쓰는 기본적인 조치이다. 갖은 노력을 다해도 천재지변을 막지 못하는 것은 하늘의 뜻이라 하더라도 자기가 할 기본인 물꼬를 돌보지 않고는 풍년은 이뤄질 일이 아니다. 농사철에 물꼬를 제대로 돌보지 않으면 가을에 거둘 곡식이 없는 것처럼 젊은 시절 무책임하게 보내버리고도 노후가 아무 걱정 없기를 기대한다면 참으로 어리석은 일이다. 물꼬 관리를 제대로 하지 않으면 가을이 되어도 거둘 것은 아무것도 없다.

이렇듯 중요한 물꼬를 나는 제대로 관리하고 살고 있는가 하는 의문이 생길 때가 많다. 내 논에 물을 채우기 위해 지나치게 아래 논의 물길을 막지는 않았는가. 물꼬를 막기만 하다 논둑을 터지게 하여 남에게 피해를 입힌 적은 없었는가. 내 논배미에 피해를 줄이기 위해 아래 논 사정은 괘의치 않고 물꼬를 튼 일은 없었는가.

상대방의 입장을 생각지도 않고 함부로 말하는 것은 아래 논의 피해를 고려하지 않고 내 논의 물꼬를 한꺼번에 열어 버리는 짓과 다르지 않다. 위쪽 논에 시비를 한 것을 알고 위쪽 논 주인 몰래 물꼬를 열어 내 이익을 취하려는 행동은 또 어떤가. 나의 물꼬가 소중한 것처럼 남의 물꼬를 함부로 훼손해서도 안 된다. 내 논의 물꼬라고 내 마음대로 막고 열어도 안 된다. 주변 논에 피해를 주는 일은 없는지 나의 욕심만 채우는 일은 아닌지를 생각하고 물꼬 조절을 한다면 서로가 입는 피해도 그만큼 줄일 수 있다. 나의 피해만 생각하고 남에게 입힌 피해는 무관심하다면 제대로 된 풍년 농사는 기대하기 어렵다.

매일 매일을 살아간다는 것은 물꼬를 열고 닫는 일이다. 보이는 물꼬도 있고 보이지 않는 물꼬도 있다. 남의 눈에는 보이지 않아도 나만 아는 물꼬가 있다. 자기는 미처 보지 못해도 남이 먼저 알아보는 물꼬도 있다. 내 물꼬를 부실하게 관리하여 논둑이라도 터지면 남에게 피해를 입히는 것은 더 말할 것도 없다. 내 물꼬만 잘 단속한다고 풍년이 보장되는 것은 아니다. 주변 논의 물꼬 단속도 더불어 적절히 하지 않으면 논둑이 터져 아래 논은 속절없이 물벼락을 당한다. 지금부터라도 내 마음의 물꼬를 제대로 관리하여 황금 들녘을 바라보는 여유로운 농부가 되고 싶다.

산다는 것

태어났기 때문에 삶고 있다. 태어남은 자의도 선택도 아니다. 태어남을 거역할 방법은 없다. 원하지 않았다 해도 어려운 경쟁을 거쳐 태어난다. 죽지 않았으니 죽을 때까지는 산다. 자의든 타의든 죽음은 삶의 마감이고 삶과의 결별이다. 삶과 죽음은 영원히 같이할 수 없다.

무리를 이루고 사는 생물들은 태어나서 성장하고 늙고 죽는 과정이 크게 다르지 않다. 태어난 이상 본능적으로 생명을 유지하며 죽음에 대한 두려움을 갖는다. 죽음은 되돌아올 수 없음과 얼마나 많은 고통을 겪어야 죽는지 모르기 때문에 한없이 두려움의 대상이다. 죽음은 단 한 번뿐이다. 죽음을 두 번 경험 할 수 없으니 죽음을 설명할 기회가 주어지지 않는다. 죽음에 대해 말하는 사람도 실제 경험이 아니고 추측이나 상상일 뿐이다. 우리는 죽음을 지켜볼 수는 있지만 체험하지는 못한다. 성직자도 죽음에 대한 강론은 가능하지만 경험해 보지는 못했다.

굶주려 죽어도 두렵고 병들어 죽어도 괴롭고 사고로 죽어도 고통을 피할 수 없다. 죽음을 피하는 것이 살아가는 가장 큰 이유이다. 태어나면 살아야 한다. 빨리 죽기를 원하지 않는다. 정말로 죽기를 바라고 자살하는 것은 예외이고 소수에 불과하며 자살이라고 고통을 피할 수는 없다. 눈앞에 닥친 고통이 죽음의 고통보다 더 참기 어렵다고 생각되면 자살의 유혹을 받는다. 당장의 고통은 해결의 길이 있거나 피할 수도 있지만 죽음의 고통은 피할 길이 없다. 죽음의 고통을 미루고 피하며 줄이고 고통 후의 행복을 기대하는 노력이 결국 삶이다. 모든 동물은 살고 싶어 하는 본능을 가지고 태어난다. 벌레도 잡으려면 도망가고 물고기가 잡히지 않으려는 것은 삶의 본능이다.

죽음을 연습할 수 있고 죽었다가 원하면 다시 살아날 수 있다면 죽음을 두려워할 이유가 없겠지만 안타깝게도 죽음은 연습도 없고 두 번도 안 된다. 그래서 죽음은 한없이 두렵다. 죽음에는 어느 정도의 고통이 따라야 죽는지를 모르기 때문에 두렵다. 다가오는 고통을 견디며 죽음을 피하는 일이 사는 일이다. 사는 동안에 경쟁을 피하고 잘 살 수는 없다. 죽음에 버금가는 고통이 경쟁이지만 죽음보다는 경쟁 쪽을 택한다.

수없이 많이 태어나지만 결국 강한 자만이 살아남고 약한 자는 소멸되거나 고통받는다. 그래서 강한 자는 더욱 강해지려 하고, 약한 자는 강한 자가 되기 위해 끊임없이 노력한다. 이 경쟁에서 뒤처지면 죽음이라는 고통을 맞아야 한다. 경쟁에서 이기면 강자가 되고 밀리면 약자가 되고 약자로 몰리면 더 많은 고통을 짊어져야 하고 끝내 고통을 감당하지 못하면 소멸의 길뿐이다.

생사가 달린 경쟁에는 힘겨운 고통이 따른다. 영리한 인간들은 이 고통을 피하려는 노력을 부단히 해왔다. 하지만 영원히 해결하지 못할 숙제이다. 경쟁의 승자는 살아남고 승전의 부산물을 얻는다. 경쟁이 없는 편안한 세상을 기대하지만 공멸뿐이다. 경쟁을 하지 않고 경쟁의 고통을 줄이려고 똑같이 일하고 똑같이 나누는 공산주의도 사회주의도 해 보았지만 경쟁에 따른 고통은 해결되지 않았다. 경쟁으로 시달리는 고통에서 벗어나려고 종교도 만들었지만 경쟁의 본능을 완전히 극복하지 못했다. 종교 간의 경쟁은 더욱 강렬한 불길이 되는 경우도 없지 않다. 두려운 입시의 고통을 줄이겠다고 시행한 평준화도 성공할 수 없는 미봉책이다. 똑같이 일하고 똑같이 나누기도 불가능하지만 인간의 경쟁본능만은 어쩔 수 없다. 아직까지 인간의 경쟁심을 없애는 방법을 찾지 못했다. 경쟁을 하지 않으면 다 같이 행복하게 사는 것이 아니라 다 같이 못살고 다 같이 불행해지고 다 같이 고통에 시달리게 할 뿐이다. 경쟁의 고통이 두렵다고 온갖 방법을 찾아보았지만 미해결의 숙제로 남았다. 경쟁 없는 사회의 유혹을 버리지 못하고 고통스러운 경쟁을 피하고 싶지만 방법을 여태 찾지 못했다.

아무 조건 없이 겨우 걷는 아이들도 달리게 하면 온 힘을 다해 경쟁한다. 프로는 말할 것도 없지만 친구 간에 바둑, 장기를 둬도 이기겠다고 야단이고 탁구를 치고 골프를 해도 서로 지지 않겠다고 한 타, 한 점에 얼굴빛이 달라진다. 예쁜 것도, 힘센 것도, 재주와 재능도 경쟁력이다. 둘 이상 모이면 경쟁을 한다. 표창이라는 제도가 경쟁을 부추기기도 하지만 경쟁을 하지 않으면 공멸에 이른다는 무서움을 유전인자로 물려받아 경쟁을 멈추지 못한다.

누구나 남보다 우수함을 평가받기를 원하고 회사는 우수한 사원을 뽑아 경쟁력 있는 회사로 성장시키려 한다. 국가는 유능한 인재를 채용해서 효율적으로 국가를 관리하고 외국과의 경쟁에서도 앞서가려 한다. 이 경쟁을 멈추면 당장의 고통을 피할 수 있지만 결국 지구상에서 사라지는 비운을 맞아야 한다.

사람들은 원하든 원치 않든 경쟁의 관계에 들어간다. 무엇으로 경쟁해야 하는가는 각자의 책임이다. 힘으로나 노력으로나 재질과 능력을 개발하고 발휘하며 살아 있는 동안 승리와 패배의 과정을 거쳐야 한다. 설사 좋은 환경을 타고나도 경쟁하지 않고 방치하면 경쟁의 대열에서 머지않아 탈락한다. 경쟁력이 생기면 점점 더 강자끼리 경쟁한다. 약한 자는 약한 자끼리 경쟁을 하고 이기면 점점 더 강한 자와 맞서야 한다. 크게 이기면 대성공이고 적게 이기면 절반의 성공이다. 경쟁의 대열에 밀리면 실패이고 경쟁을 회피하면 힘은 점점 줄어들어 결국 몰락뿐이다. 죽음에 버금가는 고통스러운 경쟁을 하지 않고도 잘 사는 방법이 있다면 왜 그 방법을 찾지 않겠는가. 작은 경쟁에서 큰 경쟁까지 나라 안에서, 나라 밖에서 끊임없는 경쟁에 지치고 피곤하고 두렵고 싫지만 살아있는 동안은 피할 길이 없다.

우리는 어떤 경쟁에서 이겨 지금까지 살고 있는가. 죽음이 무서워 살고 있다. 큰 힘이 없어 강자와의 경쟁에 끼어들지를 않아 치명적인 상처를 받지 않아 살고 있다. 약한 자끼리 경쟁의 상처는 견딜 수 있었고 깊지 않아 살고 있다. 절대적으로 많은 약자들이 그래서 사라지지 않는다. 국가가 약자를 보호하지만 국가가 경쟁력을 잃지 않을 때까지만 가능하다. 경쟁에서 승리해 화려함과 영광으로 빛나고 싶지만 누구나 가능한 일은 아니다. 삶의 끈을 놓치지 않고 경쟁을 하며 목표를 향해 가는 과정이 삶이다.

경쟁하지 않아도 다 같이 잘 살 수 있는 방법은 인간에게는 영원히 주어지지 않는다. 삶의 대가는 치러야 한다. 싫고 힘겨워도 살아남기 위한 경쟁은 피할 수 없다. 경쟁하는 유전인자가 없어지지 않는 한 경쟁은 두렵고 고통스럽고 싫지만 사는 동안은 이 대가를 치르지 않을 수 없어 인생을 고해라고 부르나 보다. 우리는 힘이 들어도 살아야 한다. 달리 방법이 없기 때문이다.

사기꾼과 효자

사기는 남을 속이는 짓이다. 속이는 일이 반복적으로 계속될 때 사기꾼이라는 호칭이 붙는다. 나는 살면서 어머니와 가족들을 속이고 가까운 분들을 속였으니 사기꾼도 보통 사기꾼이 아니다. 칠 남매의 막내로 태어난 나는 태어났을 때 이미 누님 둘과 큰 형님이 결혼을 하여 나보다 다섯 살이나 많은 조카가 있을 정도였으니 처음부터 태어나지 말았어야 할 애물단지가 분명했다. 본의는 아니라 해도 부모님은 말할 것도 없고 동기간에도 여간 성가신 존재가 아니었을 것으로 짐작이 간다.

일제 강점의 혼란기에 태어나 여섯 살 때 아버님이 돌아가시어 힘겹게 살아가시는 어머님에게 무엇인가 힘이 되고 위로가 되어야 한다는 막연한 생각이 어릴 때부터 마음속에 있었다. 말 잘 듣는다는 주변 칭찬에 빠져, 싫어도 싫다하지 않고 정성을 다하는 듯 보이게 하여 마치 효도를 하는 것처럼 나를 속이고 주위 분들과 어머니를 속였다.

어머니가 멀리 나들이를 가실 때 혼자 남겨지는 두려움에 따라가겠다고 억지를 부린 것 말고는 어머님이 시키시는 일을 고분고분 잘 따랐다. 나이 차이가 커 누님이나 형님들의 말을 거부할 만한 처지가 아님을 알아챘을 터이고, 사랑받는 막내 귀염둥이가 될 수 없음을 느꼈기에 일찍부터 살아남는 요령을 알아버렸다.

청소며 집 보는 일, 아궁이 불 때는 일이며 망태기를 둘러매고 소똥 줍는 일 등 잡다한 어떤 것도 시키면 '아니해요, 못해요' 라고 한 기억이 없다. 학교 가기 전 서당에도 빼먹지 않고 꼬박꼬박 다녔고 이웃집 심부름도, 가축을 돌보는 일도 내심 귀찮고 싫어도 투정 부리지 않았다. 내가 투정을 부리고 대든다 해도 나의 적수가 될 수가 없는 형이고 누나들임을 일찍부터 알았다. 버릇없다는 소리 듣지 않기 위해 만나는 마을 어른들에게도 깍듯이 인사를 했다. 공부하는 것을 좋아하실 것 같아 비록 좋은 성적은 아니었지만 틈이 나면 책을 가까이하는 것을 보여드려 제 몫을 디히는 이들이 될 깃 같다는 기대김을 갖게 했다. 초등학교 때 경주로 가는 여행 경비 대신 참고서를 사달라는 장문의 편지를 큰형님에게 보내는 잔꾀를 부리기도 했다. 한글조차 모르시는 어머니시지만 자식이 열심히 공부하면 당신의 모든 어려움을 보상받는 느낌을 느끼시고 쌓인 피로를 씻을 수 있기를 바랐다. 결혼만 하더라도 그 흔한 연애를 한 번 해보지도 않았고, 어머님이 더 노쇠하시기 전에 하라는 재촉을 거절하지 않고 번갯불에 콩 볶듯이 맞선 한 번에 서둘렀다. 나 때문에 노심초사케 한다는 것은 도리가 아니라고 생각했다.

말 잘 듣는 자식이고 싹싹한 동생이며 남에게 험한 말 듣지 않고 시키는 일 열심히 하였으니 장성한 후에는 누구한테건 인정받을 만한 노릇을 해야 어머니의 지난날 고생이 물거품이 되지 않고 믿음을 헛되게 하지 않는 마땅한 일이 된다. 그러나 제 앞가림만은 분명히 할 것 같은 기대감만 잔뜩 주는 것으로 끝나고 말았다. 효자처럼 보이고 누나와 형들에게는 공부 잘하는 참한 동생이라고 믿게만 했을 뿐 결과적으로 쭉정이 농사가 되고 말았다. 능력도 노력도 부족한데 하는 척만 하여 효자도 아니고 훌륭한 동생도 아니 되었으니 전형적인 사기꾼이라 말 할 밖에.

어머니도 형제들도 내게 어떤 것이 성공이고 무엇이 출세라는 말씀을 하시지 않으셨다. 나도 어머니에게 어떻게 효도를 하겠다는 구체적인 약속은 하지 못했다. 어머니께서 나를 바라보던 자상한 눈빛이 떠오른다. 막내가 잘 자라 좋은 일이 생기고 어떤 어려움도 부족함도 없으며 형제들에게 힘이 되고 부담도 주지 않으며 사람들로부터 칭송받는 사람이 될 것이라는 무한한 믿음이 담긴 눈빛이다. 제 앞가림만은 제대로 할 것으로 믿었을 어머니와 형제들에게 실망만 안겨 주리라고는 어찌 생각이나 했겠는

가. 늘 제 앞가림도 못해 쩔쩔매는 못난 나를 보면서 느꼈을 안타까움과 실망감이 얼마나 컸을까를 감히 짐작하지 못했었다. 참으로 오랫동안 철부지 연극을 한 꼴이 되고 말았다.

그동안 아무 생각 없이 살아왔었다. 적어도 어머님의 말씀을 거스르지 않았으니 효자는 못돼도 불효까지는 아니라고 믿었는데 돌아보니 그게 아니다. 능력도 노력도 모자라면서 뭔가 이룰 것 같은 기대감만 주고 나를 믿도록 하였으니 내가 바로 사기꾼이다. 나를 믿게 하고 잔뜩 기대를 갖게 해 물심양면으로 무한한 지원을 받아놓고 아무런 대가도 보답도 드리지 못했으니 이보다 더 큰 사기꾼이 어디 있단 말인가. 믿어준 기대치에 조금이라도 들어맞아야 큰 사기꾼을 조금이나마 면할 수 있을텐데 말이다.

뭐라도 되고 뭔가 할 줄 알았는데 기대감만 잔뜩 부풀려 놓고 뭔가 하는 것 같으면서도 아무것도 하지 못하고 아무것도 할 수 없는 사기꾼임을 뒤늦게 알았지만, 사기꾼이라고 나무랄 사람도 용서해 줄 사람도 지금은 없다. 어머니도 막내의 성공을 기다리시다 지쳐 돌아가셨고 살아 계시는 막내 누님마저 정신이 가물가물하시니 부끄러운 내 마음을 털어놓고 용서를 빌고 하소연할 곳이 어디에도 없다. 어머님이나 형제들에게 크게 말썽을 부리지 않은 것이 마치 효이고 우애인 듯 생각하고 있었는데 차라리 아무 기대를 하지 않게 했다면 오히려 홀가분했을까.

누구의 어머니라고 존경받게 해드리지도 못했고 친구분들에게 자식 자랑하실 만큼 넉넉하게 용돈을 드리지도 못했다. 좋다는 명승지를 모시고 다니지도 못했다. 세월 따라 유행하는 선물도 멋진 의복도 갖추어 드리지 못했다. 고분고분하여 뭔가 열심히 하는 척만 했을 뿐인 아들인데, 언젠가는 웃으실 날을 기대케 하고 효자로 착각하게 했으니 이만저만한 불효가 아니다. 나의 서툰 연기를 어찌 어머님이 모르셨겠냐만 끝까지 박수를 아끼지 않으신 어머님께 못난 불효자는 뒤늦게 후회의 눈물로 용서를 빈다.

수數의 감옥監獄

수(數)라는 한자를 풀어보면 누(婁)와 복(攴)을 합쳐 놓았다. 옥편에서 누(婁)자는 비었음 공야(空也), 끌어당긴다는 의미의 견(牽) 또는 어리석음인 우야(愚也)라는 뜻이라고 풀이하고 있다. 복(攴)자는 똑똑 두드리거나 친다는 의미의 글자이다. 비었는지 아니면 얼마나 찼는지 똑똑 두드려 보거나 아니면 치듯이 때려 있는지 없는지, 있으면 또 얼마나 있는지 알아보는 일이다. 어리석게도 얻을 것도 없는데 두드리고 치거나 자기 몫으로 챙기는 수고를 하는 일이 바로 수라는 글자가 지닌 의미 같기도 하다.

인간이 공동생활을 하기 시작하면서 소유나 분배는 피할 수 없었다. 이를 실행하기 위해 수의 개념이 생기고 이것을 나타내는 의미의 글자를 만들어 사용하였는데 점차 수를 지배하기보다는 지배를 받게 되고 인류가 발전하면 할수록 수의 위력은 기하급수적으로 늘어간다.

누구나 통제나 제한을 받는 감옥을 좋아할 리는 없다. 모두가 싫어하면서도 알게 모르게 우리는 우리의 일상을 자유롭지도 못하고 괴롭히기까지 하는 수의 감옥에 스스로 가두고 있다. 갇혀 있어도 갇혀 있음을 눈치채지 못한 상태라 스스로 자유롭지 못해 괴로워하면서도 수의 감옥을 굳건하게 하거나 담장을 점점 높게 쌓는 데 온 힘을 다 쏟고 있다.

우리의 일상은 어느 것 하나 숫자가 아닌 것이 없다. 날마다 새로운 숫자의 굴레를 만드는 일에서 벗어나지 못한다. 아침에 눈을 뜨자마자 시곗바늘이 가르키는 숫자부터 살핀다. 오늘 가야 할 곳의 거리가 몇 km 인지 숫자로 따져본다. 숫자로 하나하나 확인하면서 하루를 시작한다. 오늘 몇 사람을 만나고 그 사람들에게 내 목적의 몇 %를 실행할 수 있을까부터 생각한다.

자기 스스로 만들지도 않은 타의에 의해 부여된 숫자인 주민등록번호에서 자유롭지도 못하다. 은행 통장번호나 비밀번호를 잊어버리면 은행 잔고가 있어도 거래는 자유로울 수 없다. 아무리 인터넷이 편리하다 해도 아이디나 비밀번호 없이는 컴퓨터 문은 굳게 닫혀 주인도 무시한다. 얼굴에 나이가 새겨져 있건만 굳이 몇 학년 몇 반이냐고 숫자로 따지고 잔존가치부터 따지려 한다. 가계부도 숫자로 채우고 한 해의 나라 살림도 단위도 알 수 없는 숫자로 도배를 해 놓았다. 국정운영 능력의 모든 것은 수치로 표시되어 잘잘못을 평가한다. 증권시장의 모든 정보는 숫자로 도배를 해 놓아 뭐가 뭔지 캄캄할 뿐이다. 공항에 가도 숫자뿐이고 기차역에 가도 숫자판이 눈에 잘 보이는 곳에 자리 잡고 있으며 버스터미널이라고 다르지 않다. 야구장의 모든 기록의 숫자는 선수와 관중 모두를 환희와 눈물로 갈라놓는다. 마치 숫자 때문에 야구를 하고 농구를 하며 배구를 하는 것 같다. 올림픽의 불꽃 튀는 모든 경쟁은 모두 숫자로 표기되어 마치 초조와 불안을 즐기기 위해 너도나도 숫자의 세계로 빠져드는 느낌이다.

사람의 능력도 모두 숫자로 표시하려 한다. 사람의 가치나 능력은 모두 수치화하여 수치화가 안 된 인간미 넘치는 따뜻한 가슴만으로는 설 자리가 없다. 월급이나 연봉의 숫자가 얼마나 크냐가 그 사람의 인격처럼 여겨지고 생산 공장의 생산실적과 영업장의 영업 신장 수치로 담당자의 운명이 결정된다. 학생은 학교 성적표상의 숫자 때문에 학교를 가고 선생님은 학생들의 명문학교 진학 숫자에 울고 웃는 배우가 된다. 부지런하다 또는 그렇지 않다 정도로는 너무나 부족해한다. 얼마나 부지런하냐를 과목 하나 하나 점수와 등수로 밝혀 숫자의 감옥에 가두어 버린다. 현대사회가 정확성과 효용성을 높은 가치로 여긴다는 점은 틀림없지만 개인의 능력 하나하나까지 수치화하여 평가하게 되면서 현대인들은 지나치게 세세하게 평가받고 시달리게 되었다.

얼마 전 갑자기 시간 맞춰 서울을 다녀올 일이 생겼는데 마침 주말이라 기차표 매진이 걱정되어 막내딸에게 예매를 부탁했다. 전자 결제를 하고 열차 시간과 좌석 그리고 예약 번호까지 전화로 알려 주며 당일 창구에서 차표를 받으라고 했다. 예매한 차표를 청구하니 창구에서 비밀번호를 물었다. 아이의 비밀번호를 알 리가 없다. 급히 전화를 하였는데 전화를 받지 않았다. 탑승 시간은 가까워져 오고 이미 전자 결제까지 하였지만 담당 직원은 비밀번호를 입력하지 않으면 탑승권 출력이 안 되니 자기로서도 어쩔 수 없다고 했다. 출발 직전에야 겨우 통화를 하여 차표를 받기는 했지만 진땀깨나 흘렸다. 단지 아라비아 숫자 네 개가 사람을 당황하게 만들고 사람을 위해 만들어진 기계가 사람을 골탕 먹인 것이다.

마찬가지로 잠금장치 번호를 잊어버리면 자기 집 현관문을 열지 못한다. 거래 은행의 계좌번호나 비밀번호를 모르고는 입출금이 거부된다. 주민등록번호를 대지 않으면 믿어주지 않는 세상이다. 생활 곳곳에서 숫자가 나의 자리를 밀어내고 숫자가 나를 꽁꽁 묶고 옥죄고 있다. 모두가 숫자에 매여 숫자만 바라보는 세상이다.

말言 많은 사람

니는 말이 많다. 될 수 있으면 말을 많이 하지 않으려고 애써 보지만 같은 잘못을 되풀이하니 참으로 딱한 노릇이다. 정작 해야 할 말은 못 하면서 아니해도 될 말은 많이 한다. 하지 말아야 할 말을 하고 뒤늦게 후회해도 독은 이미 깨어지고 물은 쏟아졌다.

아는 것도 아니고 잘나서는 더욱 아니다. 정말 주제 파악을 못 한다. 여럿이 있을 때는 그냥 입을 닫고 지날 수 있다. 하지만 많지도 않은 사람들과 같은 공간에 있으면서, 그것도 모르는 사람도 아닌네 입을 봉하고 있으면 왠지 모르게 불편하다. 각자가 하는 일이 있다면 크게 걱정할 일은 아니다. 그렇지 않을 때 입을 닫고 있으면 답답하고 불안하다. 함께할 의사가 없거나 무슨 불만이 있거나 고민이라도 있는 사람처럼 보이는 그 느낌이 싫어 필요 없는 말을 한다.

입을 닫고 긴 시간을 보내는 것은 수양이 부족한 나로서는 견디기 어렵다. 그래서 입을 열면 필요 없는 말이 나오고 하지 말아야 할 말이 나온다. 분위기를 좋게 하려고 시작한 말이 오히려 말 때문에 상대를 불편하게 한다. 말이 많으니 쓸 말은 없고 짧은 밑천만 드러난다. 말을 줄이지 못한 내가 미워지고 더 많은 회한만 쌓인다.

말하는 요령이라도 있어야 같은 말이라도 상대방의 심기를 건드리지 않을 텐데 말의 파장을 생각지도 않고 안 하는 게 백번 좋은 말에 어느새 맞장구를 치고 콩이야 팥이야 하다 시간이 지나 되돌릴 수 없는 지경이 돼서야 아차 하지만 민망할 뿐이다. 사석에서는 상대가 싫어하는 말은 아니 하는 것이 요령 중의 요령이다. 말을 하다 보면 내가 지니지 못한 것에 대한 묘한 시기와 질투심이 상대의 심기를 건드리게 된다.

요즘은 워낙 정보의 시대라 나만 아는 빅 뉴스는 없다. 혼자 아는 양 떠들고 있는 내가 얼마나 한심하겠는가. 신문도 TV도 있고 인터넷은 좀 빠른가. 백과사전은 오래전에 휴대전화에게 자기 자리를 빼앗겼고 말을 안 한다고 모른다고 믿는다면 얼마나 민망한 일인가. 빚 갚는 말은 미안해서 못 하고, 맞을 말은 골라 하니 답답하고 딱한 일이다. 상대방을 즐겁게 하고 기분 좋은 말을 하면 약간 손해보는 느낌이다. 상대의 아픈 곳을 콕 찔러 상대가 아파하는 모습을 무의식중에 즐기니 매우 고치기 어려운 병이다.

전원주택지에 거주하는 사람과 대화할 때 "숲이 많아 공기 좋고 조용한 곳이니 신선이 따로 없겠습니다. 자연을 벗하여 운동하기도 좋은 곳이니 건강은 절로 챙기겠습니다" 라고 한다면 무난하고 상대방이 크게 기분 나빠할 말은 아니다. 상대방이 전원주택에 사는 이유를 설명할 기회도 주지 않고 대뜸 교통은 얼마나 불편하고 병원이며 시장이 멀 뿐 아니라 외롭고 지루하고 따분해서 어떻게 사느냐고 상대방의 약점부터 꺼낸다. 전원주택에 사는 사람에게는 그 만의 사정이 있을 수도 있는데 말이다. 어쩔 수 없는 사정이 있다면 더 큰 상처를 주는 말이 될 수 있다.

도심지에 사는 사람이라면 "교통이 너무 편해 경제적으로 도움도 되고 시간도 절약되며 지하철과 버스는 물론 철도까지 이용하기 좋으니 얼마나 좋겠습니까" 라고 한다면 덕담까지는 아니라 해도 잘못 말했다고 후회될 말은 아니다. 하지만 굳이 왜 그렇게 복잡하고 소음도 많고 미세먼지도 심한 곳에 사느냐고 말해 버리니 여간 민망한 말이 아니다. 그곳에 거주하는 사람은 거기에 살아야 할 분명한 이유가 있을덴데 말이다. 의식하지는 못하지만 내게 없는 것을 누리는 부러움과 약점을 찾아 나를 위로하고 있는 것이 분명하다.

바닷가에 산다고 하면 "넓고 푸른 바다를 늘 보시니 가슴이 뻥 뚫리고 낭만적이겠습니다" 또는 "여름에는 시원하고 겨울에는 따뜻하며 미세먼지도 없어 좋겠습니다" 라든가 "낚싯대를 들고 나서면 강태공이 따로 없겠습니다" 라고 하면 그렇게 나쁜 인사는 아니다. 좋은 말은 처음부터 준비되지 않았다 해도 대뜸 "해풍도 심하고 습도며 안개도 많을테고 태풍이라도 불면 얼마나 불안하고 위험하며 텅 빈 바다를 바라보면 우울증이 찾아오지 않느냐" 라고 대단한 걱정을 해주는 것처럼 말한다면 상대를 제대로 배려한 인사가 아니다.

고층 아파트에 산다면 "전망도 뛰어나고 소음도 없고 지열이 안 올라와 시원해서 좋겠습니다" 정도면 상대를 배려한 인사로 나쁘지 않다. 이런 배려는 아예 없고 소방차 사다리가 닿지도 않은 곳에 불안해서 어찌 사느냐며 땅 기운이 못 미쳐 식물도 못산다는데 사람에게 좋겠느냐고 걱정인지 위협인지 모르는 말부터 먼저 쏟아 내면 아무리 바다 같은 넓은 마음을 지녔다 해도 얼굴을 찌푸리지 않을 수 없다.

최근에 내가 말을 많이 하고 잘못해서 받은 충격을 좀처럼 잊을 수가 없다. 친구 넷이 모였다. 둘은 최근에 만난 적이 없고 자주 만나는 한 친구가 마련한 식사 자리였다. 오랜만에 만나 이런 저런 이야기 끝에 잠시 침묵이 이어지자 고질병이 또 터지고 말았다. 친구에게 요즘 어디 사느냐고 물었다. 추호도 그의 기분을 상하게 할 의도는 없었다. 그는 말했다. "네가 왜 내가 사는 곳이 궁금해? 내 집이라도 저당 잡힐 일이라도 있냐? 내가 사는 곳을 왜 물어?" 라고 단호하게 말했다. 내가 한 말에 기분이 상해 나온 말이라고 짐작은 했지만 순간 당황하고 민망해서 입을 다물고 말았다. 무심히 한 말이더라도 그의 사정을 모르고 한 말이면 상대방에게는 스트레스를 준다.

상대를 걱정하고 배려하는 듯 말하지만 실상은 상대에게 지울 수 없는 상처를 남긴다. 상대를 위한 말이라 하면서도 나도 모르는 사이에 말 속에 숨겨진 독이 상대에게 상처를 주고 상대가 아픔을 느끼면 남몰래 즐긴다. 상대를 배려하는 양 하지만 내가 가지지 못한 것에 대한 아쉬움, 부러움, 시기심으로 단점과 약점을 말하는 못난 짓을 하고 있다.

상대를 충분히 설득하고 공감하게 하려면 말에 믿음이 있어야 하고 상처를 주지 말아야 한다. 말을 아니 해서 잃는 것보다도 말을 많이 해서 더 많은 아픔을 주는 나의 고질병은 세월이 가도 나을 기미가 없다. 먹을 때만 입을 열고 평소에는 입을 닫게 하는 입을 채우는 지퍼는 없을까. 사람들과 어울리면서 말로 인해 상처를 주고 후회하는 일이 다시 없기를 바라마지 않는다.

부음訃音

부음은 한 사람이 이 세상의 삶이 끝났음의 알림이다. 부음을 받거나 듣는 것도, 부음을 알리는 것도 정작 고인의 뜻과는 아무 상관 없는 일이다. 요란하게 부음을 알리는 것은 고인의 삶이 얼마나 훌륭했는지를 많은 사람들에게 내보이고 싶고, 자신이 얼마나 훌륭한 자식이냐를 주변에 인정받고 싶어하는, 산 사람들이나 할 수 있는 일이다.

1950년대 넉넉지 않았던 시절만 해도 부음을 붓으로 쓰거나, 사람이 일일이 연락해야 할 집으로 찾아가 부음을 전했다. 지금처럼 신문광고나 대량 인쇄의 방법도 없었고 메일이나 휴대전화는 상상조차 할 수 없었다. 어느 댁의 부음인지를 전해 듣고 부음전은 집안으로 들여놓기보다는 헛간채 같은 곳에 꽂아놓았다. 불길한 소식이라 집안으로 들이기는 꺼림칙하게 여겼기 때문이다.

많은 사람의 가슴을 적시는 안타깝고 가슴 아픈 부음도 있다. 일면식이 없어도 가슴이 아리는 애절한 부음도 있다. 누구에게 한 줄의 부음조차 전할 곳이 없는 사람도 있다. 꼭 연락이라도 있을 법한데 아무런 소식도 없다가 뒤늦게 부음을 들으면 서운한 마음이 든다.

비교적 젊은 시절에는 주로 친구나 동료들의 부모님들 부음이나 집안 어르신들의 부음이 대부분이었다. 어느새 부모님 세대들은 대부분 돌아가시니 부모님 세대들의 부음보다는 이제 누가 먼저일지는 모르는, 같은 또래의 부음이 주가 되고 있다. 특히 친우 중 고인과의 깊고 질긴 인연을 가진 경우 그의 부음을 들었을 때 그 충격과 느낌은 말로 표현하기 어렵다. 부음을 받으면 고인과 나는 어떤 관계였는지 우선 생각해 보게 된다. 각별했거나 함께한 추억이 많다면 안타까움과 그리움의 눈물이 가슴을 적시고, 미움이 많다면 좀 더 먼저 다가가지 못한 회한의 눈물이 소매를 적신다.

부음은 산 자들의 평가를 피할 수 없다. 부러울 만큼 훌륭하게 산 사람일 수도 있다. 아니면 정말 물질적 정신적 부채만 진뜩 남긴 사람일 수도 있다. 화려하지는 않았지만 알뜰하게 살다 간 사람일 수도 있다. 노력 없는 명예나 업적이 있을 수 없듯이 어떤 삶을 살았든 고인만의 고통과 절망과 후회의 순간이 있었을 것이다. 행복해서 웃고 외로워서 운 날이 어찌 없었겠는가. 어떤 평가도 죽은 자에게 전할 방법은 없다. 부음은 고인의 어떤 의사도 반영되지 않는다. 분식회계도 불가능하고 수정제출도 안되는 최종 결산서이다. 부음이 전해지면 누구도 이 평가를 벗어날 방법은 없다.

마지막이라는 부음은 어떤 의미일까. 부음을 전해지는 순간 많은 사람들의 가슴에 그리움으로 남아 있는 사람, 아쉬움으로 물드는 사람, 때때로 다시 손을 내밀고 싶고 힘들고 어려울 때면 생각나는 사람이라면 고인의 마지막 가는 발걸음도 한결 가벼울 것 같다. 싫든 좋든 고인의 의지와는 상관없이 전해지는 부음을 받는 순간 생전의 아름다운 모습이 떠오르면 보람있게 살다 간 사람이다.

이제 더 이상 어느 누구의 눈치도 살필 필요가 없는 고인에게 물어 보고 싶은 것이 있다. 마지막으로 정말 하고 싶은 말이 무엇이고 다하지 못한 말이 무엇이었느냐고. 그리고 가장 듣고 싶은 말이 무엇이냐고 물어보고 싶다. "정말 열심히 사셨습니다, 정말 행복하게 사셨습니다" 라는 말을 듣던 분은 돌아가신 다음에도 그 말이 제일 듣고 싶은 말이었을까? 나이를 먹을 만큼 먹었어도 어리석게도 나는 아직 내가 마지막으로 남길 말을 정하지 못하고 있다. 혹시라도 내 부음을 받고 그 인간 잘한 것은 없지만 나쁜 사람은 아니었다는 말을 듣고 싶은 것은 내 바램일까.

잃어버린 여유

나는 말과 행동이 신중하지 못하다. 말을 하고 보면 꼭 해야 할 말보다 하지 말아야 할 말이 훨씬 더 많다. 행동이라고 다르지 않다. 매사에 서두르다 보니 제대로 생각도 하기 전에 설치고 진중하지 못해 실수투성이다. 남의 나무람 이전에 내가 너무 밉고 씁쓸하다.

약속을 하면 약속 장소에 먼저 도착해야 마음이 놓인다. 먼저 와서는 남은 시간이 지루하고 한심해 애타게 시계만 쳐다본다. 매사에 너무 덤빈다. 같이 외출할 때면 아내의 채비가 끝나기 전에 현관에서 서성댄다. 손을 잡는 일은 물건을 맞잡을 때 외는 없는 일이다. 성질 급한 내가 항상 앞서고 맞춰 봐도 어느새 거리는 또 벌어지고 만다. 따라오겠거니 하다가 낯선 곳에 여행을 가서 종종 사달이 벌어지기도 했다.

이런 버릇은 요즘 생긴 것이 아니다. 방학 숙제로 매일매일 써야 했던 일기조차도 이삼일 사이에 미리 한달치를 써놓아야 안심이 되었다. 날짜만 달리했을 뿐 거의 비슷한 내용으로 채웠다. 옛 시골 초등학생의 방학 생활이 어제와 오늘이 다를 게 없었고 날씨도 마음대로 맑았다 흐리다고 엉터리로 적어 숙제의 짐에서 벗어나야 편했다. 특별히 갈 곳이 있는 것도 아니고 할 일이 있어서도 아니지만 할 일을 미루는 것 같아 숙제가 남아 있으면 목에 걸린 가시 같았다. 실력을 쌓거나 실속을 챙기거나 시간을 두고 하는 걱정보다 대충이라도 먼저 해 놓는 홀가분함이 훨씬 좋았다.

여유도 느긋함도 모르고 이렇게 매사에 서두르는 버릇은 무엇 때문에 생겼는지 알 수가 없다. 결제할 때면 삼 개월 무이자가 된다 해도 굳이 일시불을 한다. 돈이 많아서가 아니라 빚이라는 생각에 마무리 하지 않은 숙제처럼 부담스럽기 때문이다. 사탕 한 알을 먹어도 작심하지 않으면 어느새 가루가 돼버린다. 주유 걱정을 안 해도 좋을 만큼 주유소가 흔하지만 자동차 유량 눈금이 내려가면 바닥을 드러낸 쌀독을 보는 기분이 되어 보충을 해야 마음이 놓인다. 엔진 오일 교환도 권장치보다 미리 하고 공과금 납부도 납기까지 기다리지 못한다.

일제 강점기에 태어나 부모님 따라 일본까지 가 밥을 먹다가도 미 군용기 소리가 들리면 벙거지를 눌러쓰고 다리 밑으로 아니면 바닷가로 어른들의 손에 끌려 허겁지겁 피난을 가야 했기 때문일까. 해방된 조국이었지만 밀주 단속에 걸리지 않기 위해 누룩 몇 장을 짊어지고 산속으로 죽기 살기로 뛰어야 했기 때문일까.

6.25 사변 때 밤이면 공비가 마을에 들이닥쳐 농산물을 빼앗아 가기 때문에 느릿느릿하다가는 빼앗기는 것은 물론 다음날 지서에서 나와 억울하게 빼앗겨 분통이 터지는 판에 공비에게 내주었다고 곤욕을 치르는 어른들을 보면서 서두르지 않아 치렀던 뼈저린 체험 때문인지 알 수가 없다.

내가 서두르니 서두르는 사람들만 보인다. 살기 위해서라면 당연히 서둘러야 하지만 생산성이나 경제성을 따질 일도 없는 노인인 지금도 너무 서두르니 여간 민망한 일이 아니다. 화재가 나거나 안전사고라도 났다면 당연히 서둘러야 하겠지만 화급한 상황이 아닌데도 너무 서두르는 사람들 속에서 나를 본다. 각종 승강기를 이용하면서 탑승 후 닫힘 버튼을 누르지 않는 사람을 만나기 어렵다. 10초도 아니고 단 3초면 자동으로 닫히고 절전도 된다는 안내 스티커는 소용이 없다. 절약만을 위해서가 아니라 단 3초라도 기다릴 줄 아는 사람으로 나를 개조하고 싶어 자동으로 닫힐 때까지 의도적으로 참아본다. 급하게 닫힘 버튼을 누르지 않으면 다른 사람들과 함께 이용할 기회가 될 수도 있다.

전철의 엘리베이터 닫힘 버튼을 하도 눌러 일정 시간이 지나야 닫히도록 해 놓은 곳도 있다. 나보다 더 급한 사람도 더러 있는 모양이다. 복잡한 지하철 승강기는 한꺼번에 많은 사람들이 이용할 때가 많다. 에스컬레이터를 걷는 사람과 걷지 않은 사람의 비율이 어떻게 되는지를 조사해 보지 않았지만 에스컬레이터 위를 걷거나 뛰지 말라는 안내는 무용지물이 된 지 오래고 조급한 사람들은 곳곳에 너무 많다. 엘리베이터 문이 열리고 먼저 탑승한 사람이 안쪽으로 들어가야 뒷사람들의 탑승도 용이하고 더 많은 사람들이 이용할 수 있지만 먼저 탑승을 해도 안쪽으로 들어가지 않고 입구에 붙어 서는 사람들이 의외로 많음에 조급하기로 둘째가라면 서러운 나를 놀라게 한다. 결국 내릴 때 먼저 내리겠다는 계산이다. 먼저 내리는 사람과 늦게 내리는 사람의 시간 차가 얼마나 나겠느냐만 시간문제만은 아닌가 보다. 매번 첫 번째로 탑승하는 것도 아닐 테고 하루에 열 번 스무 번 이용하지도 않는다면 그렇게 아껴 얼마만큼 유효한 시간을 버는지는 모르지만 서두르는 사람들 속에서 나를 본다.

건널목 신호등이 붉어도 위험을 무릅쓰고 건너는 사람들이 흔하다. 신호등을 무시하고 서둘러야 할 일도 물론 있겠지만 위험을 감수할 만큼 급한 일이 얼마나 있겠는가. 짧으면 몇 초를 넘지 않고 길어야 1분을 크게 넘지 않는다. 절약한다고 믿었던 시간이 10초를 넘지 않고 지루하다고 생각했던 시간이 1분도 못 된다는 생각을 하면 이렇게 절약한 시간을 얼마나 유용하게 쓸지도 의문이다. 나만 편하면 남의 불편쯤은 상관하지 않을수록 여유는 사라지고 나를 위험한 곳으로 내몰게 된다.

매사에 서두른 것 때문에 짧은 기간에 초고속 경제성장을 이뤘다는 이론도 있지만 얻은 것이 있으면 잃은 것도 있는 법이다. 조급히 서두르는 사람들을 보면서 늦었지만 의도적으로 조금씩 느림을 길들이고 느림에 익숙해지려고 애를 쓴다. 이렇게 여유 없는 일상이 된 것은 남이 아니라 내가 나를 믿지 못하는 불안 때문이다. 뒤늦었지만 너무 서두르는 자신이 안쓰러워 지금부터라도 의식적으로 느린 박자로 걷고 싶다. 얼마 남지 않은 날이나마 쫓기는 내 꼴이 초라해 너무 다그치지 않아야겠다. 10초의 여유도 없이 종종걸음으로 달려도 내가 갈 수 있는 거리는 그리 멀지 않고 다그친다고 크게 달라질 것도 없다. 서둘러도 더 누릴 것도 없고 남은 길이 더 거칠지 않도록 늦었지만 나를 믿고 나를 놓아주어야겠다.

통촉 하옵소서

무식한 소인의 철없는 투정이라고 노여워 마시고 굽어 통촉하옵소서. 사는 것이 너무 답답하여 간절히 청하나이다. 고통과 절망에 시달리는 수많은 인간들을 불쌍히 여기시어 소상히 밝혀 주시길 간절히 앙망하오니 굽어 통촉하옵소서.

창세기에 하느님이 빛이 있으라 하시니 빛이 있고 낮과 밤을 만들기 시작하시어 엿새 만에 땅의 흙으로 남녀를 비롯하여 모든 것을 지어내신 분이 아니십니까. 마음만 잡수시면 다소 귀찮기는 하실지 모르지만 위대하신 하나님께서 불가능하리라고는 믿지 않습니다.

따먹지 말라는 하나님의 말씀을 어기고 선악의 열매를 따 먹은 아담과 이브의 잘못이야 후손들에게는 원통하기 짝이 없는 일입니다만 지금 와서 되돌릴 수 없으니 어찌하오리까. 천번 만번 벌을 받아야 마땅하지만 단 엿새 만에 세상을 창조하신 전지

전능한 하나님은 선악과를 처음부터 만들지 않을 수는 없었사옵니까? 그만한 능력을 두시고 선악과를 왜 만드셨습니까? 실수하신 것은 물론 아닐 테지요. 아니면 처음부터 의도적으로 선악과를 만드시어 따 먹게 하신 것입니까? 이렇게 어리석은 인간들이 하나님의 말씀을 찰떡같이 지키리라 믿으신 것입니까? 못 지킬 줄 아시면서 죄를 짓도록 하실 리는 만무하지 않겠습니까?

설사 선악과를 만드셨다 하더라도 이브를 꾀인 뱀만 만들지 않았었더라도 사과를 따 먹을 이유가 없지 않습니까? 선악과를 만드시고 이브를 꾀는 뱀까지 만드신 것은 원죄를 벗어나지 못하도록 이중 장치까지 하신 것은 아니십니까? 고의라고는 믿을 수 없습니다. 능력이 그곳까지는 미치지 못했기 때문이라고는 도저히 믿을 수도 없습니다.

원죄 때문에 땀 흘리고 원죄 때문에 고통과 절망에 시달리는 인간 세상의 끝이 있습니까, 없습니까? 원죄를 탕감받을 날이 오긴 옵니까? 영원히 용서받지 못할 죄로 살아야 합니까?

서로 죽이거나 폭행하며 속이는 짓이나 고통과 절망은 이 세상에 만들지 않을 수 없었습니까? 불행의 씨앗을 만들지 않았다면 수많은 전쟁과 아픔도 없고 세상은 언제나 웃음과 즐거움으로 가득할 것이 아닙니까?

창세기 6장에는 하나님이 이 땅에 사람 지었음을 한탄하시고 마음에 근심하셨다니 하나님도 실수를 조금은 인정하신 것입니까? 이브가 따 먹지 말라는 선악과를 따 먹은 것은 혹시라도 하나님의 실수입니까, 인간의 잘못입니까? 한번 죄를 지으면 절대로 용서해 줄 수 없습니까? 영원히 구제가 불가능한 일입니까? 실수나 고의든 간에 잘못을 깨닫고 진정으로 사죄하면 너그러이 용서해 주실 수도 있는 일 아닙니까? 지금까지 빌고 빌어도 용서를 받지 못한다면 앞으로 얼마를 더 빌어야 하고 어떻게 빌어야 하고 과연 그 길은 있는 것입니까?

끝까지 용서를 안 해주신다면 더 이상 빌 이유도 없는 것 아닙니까? 언젠가는 용서할 날이 있기는 있습니까? 실행할 수도 없는 까다로운 조건으로 꽁꽁 묶어 두는 것은 너무 가혹한 형벌이 아닙니까? 영원히 용서받지 못한다면 이보다 더한 실망은 없는 일입니다.

혹시라도 천당에서 영생을 보장해 주시기 때문에 이 세상을 고통 속에 살아야 한다면 생일상 잘 받으려고 열흘을 굶어 죽는 것과 무엇이 다르며 외상이면 소라도 잡아먹는 것이 소인들인데 천당의 영생보다 지금 당장의 고통에서 벗어나는 것이 더 화급하고 절실합니다. 모자라는 인간들끼리의 중죄도 세월이 흐르면 벌을 감면해 주고 용서도 합니다. 직접 죄를 짓지 않아도 죗값을 후손들이 치르는 연좌제도 억울하다고 이 땅에서는 없애 버린 지 오래 되었습니다. 하나님은 원수도 사랑하라고 하시면서 선악과를 따 먹은 후손들의 죄를 어찌 용서하지 않고 연좌제로 꽁

꽁 묶어 놓으시고 모르는 척하십니까?

할아버지가 설사 잘못을 했더라도 할아버지를 본 일도 없는 몇백 대, 몇천 대의 후손들에게 할아버지의 잘못까지 묻는 것은 손자들에게 얼마나 가혹하고 잔인하며 이보다 억울한 일은 없습니다. 수천 년전의 연좌제를 풀어 주지 않는 것은 너무 가혹하다는 생각을 지울 수가 없습니다. 하나님께서는 인간들에게 여러 차례 어려운 시험을 해보시지 않았습니까? 노아의 홍수도 있었고 물이 피가 되며 돌림병이며 악성 종기 같은 재앙으로 반성의 기회를 주시지 않았습니까? 하나님이 관심을 두시고 은총을 입은 이스라엘은 아직도 전쟁은 끝나지 않았으며 평화는커녕 끝없는 분쟁으로 서로 죽고 죽이는 인간들에 대한 시험은 언제 끝이 납니까? 하나님의 힘으로도 어쩔 수 없는 노릇입니까? 영원히 끝나지 않습니까?

이 세상에 자꾸만 새로운 종교와 계파가 생겨 다른 교도를 서로 죽이고 헐뜯는 일이 더 필요합니까? 전지전능하신 하나님은 모르는 척 방임만 하고 계시고 모른 척하신다는 생각을 지울 수가 없습니다. 하나님을 따르는 목회자는 더 많이 늘어나고 하나님의 은총을 바라는 백성은 점점 불어나고 있습니다. 하나님이 찾아 주신다는 성전은 크고 높아져 가는데 이 세상의 어려움과 눈물과 한숨은 줄어들지 않음을 하나님은 언제까지 모르는 척하시렵니까?

하나님의 말씀을 악용하여 불쌍한 사람들을 온갖 감언이설로 속이고 사리사욕을 채우고 정신을 황폐화시키는 수많은 엉터리 성직자들을 방임하신다면 소인들은 누구를 믿고 따르겠습니까?

하도 복잡한 인간들이 하는 짓이라 하나님의 능력 밖이라고 솔직히 인정하시든지 아니시면 미루시지 마시고 문책을 하시고 하루빨리 원죄를 풀어 주시길 굽어 통촉하소서.

성취감

누구나 자신에게 주어진 삶을 아름답고 멋지게 가꾸고 싶어 한다. 거부가 되고 높은 자리에 오르는 성취감이 중요한 사람들이 있고 원대한 꿈을 이뤄 많은 사람들로부터 존경과 부러움의 주인공이 되어야 성취감을 느끼는 사람도 있다. 그러나 모두가 삶의 초점을 여기다 맞추고 사는 것은 아니다. 화려하지 않아 남의 눈에 띄지 않아도 소소한 자기의 목표를 이뤄나가는 알찬 성취감을 즐기는 사람도 있다. 비록 주위 사람들로부터 많은 관심이나 주목을 받지 못해도 나만의 목표를 정해 차근차근 목표를 달성해 나가며 성취감을 얻는다면 머슴의 삶이 아니라 자기 삶의 주인이 되는 길이다.

겉모양이 아무리 화려해도 스스로 성취감을 갖지 못한다면 바람 빠진 공과 다를 것이 없다. 가슴은 따뜻한 봄기운이 아니라 아무것도 자라지 못하는 동토의 땅이다. 어떤 성취감이 가장 훌륭하다고 단정하거나 우열을 따지고 값을 매길 수는 없다. 각자의 목표가 같을 수 없기에 목표로 정한 성취도는 자신이 채점하고 평가를 내리면 된다.

훌륭한 제자 배출이 목표인 선생님이 훌륭한 제자를 만들어 냈다면 그가 다른 일로 많은 어려움을 겪는다 해도 그를 실패한 삶이라고 할 수 없다. 작가가 좋은 작품을 발표하여 독자들로부터 사랑을 받는다면 그의 삶이 초라할지라도 문인으로서의 이룬 성취감은 충분히 삶의 활력소가 된다. 텃밭을 가꾸는 사람이 이 과정 속에 만나는 보람과 성취감은 텃밭의 주인이 아니고는 맛볼 수 없다. 씨앗을 뿌리고 어린싹이 언제 돋아날까 노심초사 기다리다 두꺼운 흙을 밀어내고 고개를 내미는 여리디 여린 싹을 보는 설렘을 어찌 작은 성취감이라고 하겠는가. 애써 심은 고추가 쌀알 같은 하얀 꽃을 매달았는데 그 모습에 어찌 감동하지 않을 수 있으며 그 성취감에 취하지 않을 주인이 있겠는가! 가꾸는 화분에서 꽃과 열매와의 만남은 돌보는 노력을 아끼지 않아야 만날 수 있는 성취감이다. 청소를 하고 구두를 닦는 수고를 감수하고 청량감과 윤이 나는 구두를 바라보는 것은 적지 않고 무시할 수도 없는 성취감이다. 운동선수가 땀을 뻘뻘 흘린 연습으로 목표를 달성했을 때의 성취감은 힘든 연습을 하지 않으면 얻을 수 없는 귀한 성취감이다.

어머니는 자식들의 성장해 가는 모습을 보며 성취감을 느끼고 내일을 살 힘을 낸다. 기록을 쫓는 사람들이라면 기록을 위해 많은 어려움을 감수해야겠지만 조금씩 목표를 향해 나아가는 성취감이 그를 수렁에 빠뜨리지 않는다. 예술가라면 스스로 만족하는 작품을 내놓음으로써 작업과정의 고통을 성취감으로 보상받게 된다. 배움에도 성취감은 봄날의 새싹처럼 자라고 가르치면서도 성취감은 과일처럼 여문다.

할 일이 없다고 나이를 먹었다고 스스로 할 수 있는 것마저 하지 않으면 성취감을 맛볼 기회도 잃고 자신도 잃게 된다. 팔십이 넘은 친구는 은퇴한 뒤 자기 직업과는 무관한 우산 고지는 기술을 배워 우산병원장이 되었다. 한 달에 두 번 아파트 단지를 방문하여 무료 우산 수리 봉사를 하는 데 여러 번 TV에 소개될 정도로 유명해져 스스로 성취감을 느끼며 건강하고 행복한 노후를 즐기며 살고 있다.

거창하고 화려한 성취감을 싫어할 까닭이야 없겠지만 일상에도 성취감을 만나고 성취감을 즐겨야 한다. 기다리고 가만히 있으면 저절로 성취감은 찾아오지 않는다. 생각하고 행동하는 사람만이 살맛 나는 성취감을 누릴 수 있다. 나태하고 무료한 일상에서는 성취감이 자라지 않는다. 유난스럽지는 않아도 소박한 성취감이 먼 길을 지치지 않고 걷게 해주는 힘이 된다. 대박이 터지기를 막연하게 기다리기보다는 책을 읽거나 여행을 통해 새로운 지식이나 지혜를 얻는다면 이 또한 보람이며 기쁘게 맞이

할 수 있는 성취감이다. 거실이라도 쓸고 창문이라도 닦아 맑은 창을 통해 파란 하늘을 바라보고 반질반질 윤이 나는 마루에서 뒹구는 것도 결코 소홀히 할 수 없는 성취감이다.

그걸 해서 뭣해

오래전부터 내가 무엇을 한다거나 하고 싶다고 말하면 대부분 주변에서 '그 나이에 그걸 해서 뭐하게' 라는 지청구부터 먼저 듣는다. 듣고 보면 틀린 말은 아니지만 듣는 순간 나에게 허여된 공간이 없다는 생각에 나를 다시 돌아보게 한다.

몇 년 전 한자 1급에 응시하겠다고 교재를 구입하고 가족들과 가까운 친구들에게 내 뜻을 밝혔다. 이렇게 밝히지 않으면 시작만 하고 어영부영 끝을 보지 못하는 나의 결점을 너무 잘 알기 때문이다. 굳이 옥편을 뒤지지 않아도 휴대전화만 있으면 모르는 한자도 금방 쉽게 알 수 있는 시대에 어려운 한자며 부수니 단어와 약자 장단음까지 암기하기 위해 고생하는 것은 헛고생이고 너무 어리석다는 말이 틀린 말이라고만 할 수 없다. 그렇다고 한자 강사 자리라도 바라고 한자 공부를 하려는 것은 아니었다. 그런 곳이 있다 해도 누가 나이 많은 노인을 반기겠는가.

나는 이번에는 누구에게 말하지 않고 은근슬쩍 한자 특급 교재를 또 구입했다 어느 정도 실력이 쌓이면 응시해 볼 작정이다. 매일매일 하는 일이 있다면 충실히 임해야 하지만 하는 일 없이 시간 보내기가 지겹도록 자기를 내버려 두고 아무것도 하지 않은 것은 살아 있는 자신에 대한 예의도 아니다. 그냥 하늘만 쳐다보고 시간을 죽이기보다 할 일이 있다는 이유로 존재감을 느끼고 하는 일이 있다는 의미가 쏠쏠한 재미도 된다.

연봉이 많지는 않았지만 두어 번 옮겨가며 칠십까지 직장생활을 했다. 직장을 그만두고 3개월 후에 인근 노인복지관에 회원으로 등록하고 지금까지 다니고 있다. 처음에는 어색하기도 하고 무엇을 놓친 느낌이고 버려진 기분이었는데 노인복지관 다닌지 어느덧 십 년이 되어가는 동안 억지로 가는 것이 아니고 즐거운 마음으로 다녔다. 여러 가지를 배우고 배우다 집사람과 같이 사교춤을 배우기도 했지만 소질이 없어 도중에 하차하고 말아 콜라텍이나 카바레는 구경조차 못했다.

사회교육 프로그램이 있는 구청이나 주민자치센터에서 서예도 배우고 켈리그래피도 배우며 한문 초서 공부방에도 나간다. 주변에서는 쓸데없는 일에 바쁘게 쫓아 다닌다고 딱하게 보기도 하고 그 나이에 그걸 배워 뭐 할거야 라고 하는 사람도 있다. 지극히 당연한 말씀임을 부정할 수는 없다. 무얼 배워 대가가 될 것도 아니고 새로운 사업 전선에 나설 처지도 아니기 때문이다.

돈이 되는 것도 아니고 명예를 누릴 일도 없는 일에 차비를 들이고 비용을 들여가며 바쁘게 쫓아다니는 늙은이가 딱해 보여 하는 위로의 말임을 모르지 않지만 노인복지관은 노인요양병원과는 다르다.

복지관 회원 중에는 퇴직 교수도 있고 고급 공무원 출신도 있고, 고위 군 출신도 있고 유수한 분야의 전문가들도 있다. 수십억 재산가도 있으며 가족을 위해 평생을 헌신하는 삶을 살다 뒤늦게 글을 배우러 오는 할머니들도 있다. 모두들 늙은이라는 틀에서 벗어날 수는 없지만 지금까지와는 다른 자기만의 세계를 가꾸며 맛보며 산다. 뒤늦게 글을 익혀 발표한 글에는 절절한 저마다의 사연이 담기고 읽는 이의 가슴을 먹먹하게 하고 감동을 주니, 늙었다고 포기했다면 응어리진 한을 어떻게 풀었겠는가!

배워 사용할 곳이 있다면 더 배울 가치나 재미가 나겠지만 누구나 사람마다 살아가는 이유가 있어 살아간다. 산다는 것은 절대 포기할 수 없는 주어진 일 때문에 억지로도 살아야 하는 경우도 있지만 재미를 느끼는 것, 사는 맛을 보는 것, 행복을 만들고 찾는 것, 해보고 싶은 것을 해보고 이루고 싶은 것을 달성해 보고 도전하는 것, 보람이 자라고 열매로 익어가는 즐거움을 만드는 것 때문에 살기도 한다.

늙은이에게 '그런 것 해서 뭣해' 하는 말속에는 할 만한 가치가 없다는 뜻 말고도 살날도 얼마 남지 않은 늙은이라는 의미가 들어 있음을 왜 모르겠는가. 젊을 때는 못 느꼈지만 늙고 보니 늙은이라도 삶을 포기하지 못하는 이유와 나름대로의 살아야 하는 이유가 있고 또 더 살아야 할 새로운 이유가 생긴다. 아무것도 하지 말라는 말로 공연한 헛수고 말고 그냥 죽을 날만 기다리라 하면 이보다 더한 지옥이 없고 이보다 더한 형벌은 없다. 결과도 중요하지만 과정이 결과 못지않기 때문에 그걸 해서 뭣해라는 말에 굳이 대답할 필요가 없다. 늙어보지 않고 해보지 않고는 모르기 때문에.

너무 늦게 철이 나다

철이라는 말은 봄철 여름철처럼 제대로 맞아가는 순리를 두고 하는 말이다. 가을이 가을같지 않고 겨울이 겨울답지 않으면 제대로 굴러가는 철이 아니다. 순리에 맞아야 제철이다.

철이 난다는 말은 사리를 분별하여 최소한의 자기 앞가림을 할 줄 알고 자기 때문에 다른 사람들이 불편하지 않도록 배려할 줄 안다는 의미이다.

계절에 철이 있듯이 사람에게도 마땅한 철이 있다. 젊을 때는 젊은이의 철이 있고 자식이 생겨 부모가 되면 부모의 철이 나야 하고, 사회인이 되고 어른이 되면 자리에 맞게 철이 나고 갖추어져야 한다. 호칭과 주어진 역할에 적합할 때 제대로 철이 든 사람이 된다.

숱하게 보낸 세월을 철을 모르고 철이 들지 않은 채 보냈다. 나 때문에 다른 사람들이 얼마나 힘들어하고 불편해하는지를 헤아리지 못했다. 나이만 먹었지 해야 하는 일이 무엇인지도 몰랐다. 내가 무엇을 해야 하는지도 모르고 해가 저물면 내일 또다시 솟아오를 해가 나의 것으로 믿고 살았으니 어지간히 철이 안 들고 철을 모르고 지나왔다. 그런데 어느 날 갑자기 떠오르는 해를 보는 날이 많지 않다는 생각이 들고부터 철이 나기 시작했으니 늦어도 너무 늦었다. 철이 들지 않았던 탓에 불편해한 많은 분에게 너무 죄송하고 부끄럽다.

얼마 전에 자동차 타이어를 갈았다. 자동차를 많이 운행하지 않아 마모가 심하지 않아도 권장 기간이 지나서다. 타이어를 갈면서 계산해 보니 다시 타이어를 교환하는 일이 생전에 또다시 없을 것 같아 무엇을 놓치고 잃어버린 기분이었다. 다시 타이어를 바꿀 시기가 될 때면 살아 있다 해도 운전을 하지 말아야 할 나이가 되어있지 않겠는가. 이 교환이 내 생애 마지막이라는 이 마음을 누구에게도 말하지 못했다.

어느 날부터 갑자기 주변의 사람들이 하나둘씩 내 곁을 떠나가고 있다. 늘 곁에 있을 것 같은 부모 형제들도 더 이상 만날 수 없다. 티격태격해도 안 보면 또 만나고 싶어지는 친구들이 어느 날부터 듬성듬성 자리를 비운다. 도움을 주시던 분들도 선생님들도 만나 뵙고 싶다고 만남이 허락되지 않는다. 볼 수 없는 사람들 중에 내가 포함될 날이 얼마나 될지는 모르지만 분명한 것은 그리 많이 남아 있지 않다는 점이다.

팔십 년 이상을 살아오면서 주변 사람들에게 많은 도움을 받고도 은혜를 갚을 생각을 하지 못하고 빚만 가득 지고 살아왔다. 조금이라도 일찍 철이 들었으면 그만큼 후회도 줄었을 텐데 힘없고 능력이 다 없어지고서야 철이 무엇인지 조금은 알 것 같다. 어느 날인가 친지 분들을 떠나보내면서 나에게도 허여된 시간이 그렇게 많지 않다는 생각이 떠올라 지금부터라도 내가 할 수 있는 일이 무엇이고 무엇을 해야 하는지 생각하게 된 것을 보면 뒤늦게 철이 드는가 보다.

아는 것이 없으니 세상을 밝히는 지식을 전할 수도 없다. 경제적 능력이 없으니 어려운 사람들을 도울 힘도 없다. 알찬 재능이 없으니 사회에 봉사할 기회가 주어질 리도 없다. 이미 몸이 늙었으니 힘으로 할 수 있는 일도 그리 많지 않다. 먼저 가까운 분들부터 내 손이 닿는 곳부터 철이 나고 철이 든 모습으로 다가가고 싶다. 행동으로 할 수 있는 것은 행동으로, 마음으로 할 수 있는 것은 마음으로 전하고 싶다.

화가 나는 일이 있다 해도 참아보자. 참는다 해도 참을 기회가 얼마나 주어지고 몇 번이나 허여될까 생각해 보면 어느새 화도 슬그머니 사라진다. 칭찬할 일도 기회가 많지 않을 테니 아끼지 말자. 칭찬할 일이 생긴 것이 고맙고 감사할 일이다. 감사할 일도 참으로 많다. 일상에 도움을 주고 시설물을 운용하는 분들에게도 감사하고 고마워하자. "감사합니다, 고맙습니다" 라는 말을 하고 싶어도 얼마나 많이 얼마나 오래 하겠는가. 비난은 삼가하고 참는다 해도 참을 날이 많지 않다고 생각하니 못 참을 것도 없다. 지루하고 성가실 기회도 그리 많지 않을 것이니 괜찮고, 남의 말을 성실히 들어줄 날이 많지 않을 테니 성심껏 들어야겠다. 남은 기간 동안 원하거나 바라지 않은 일이라 해도 나에게 허여된 일이 그렇게 많지 않음을 실감하고 있다. 희생이기보다 어렵고 힘들다기보다 고생이라는 느낌보다 내 마음이 편하고 즐거워지는 기회로 만들고 싶다.

가족 간에 투정할 일도 잘잘못을 따질 일도 없다. 언제나 절반 이상의 잘못은 나에게 있었다. 열심히 하지 않은 잘못, 기다리지 못한 잘못, 이해하지 못한 잘못, 나의 무능조차 남의 탓을 한 잘못이 부끄러울 뿐이다. 철들자 망령이라는 속담은 나를 두고 하는 말이다. 팔십의 능참봉이라 해도 마다하지 않으리라. 이제라도 해야 할 것을 하고 하지 말 것은 하지 않기를 다짐하며 늦었지만 철에 맞게 살리라. 너무 늦었지만 조금이라도 철이 난 것이 고맙고 망령들기 전에 철이 났으니 얼마나 다행한 일인가.

5부

거금을 휘날리다

전 직장동료들의 부부가 함께하는 모임이 있다. 봄가을로 함께 국내 여러 곳곳으로 여행하는 것을 연례행사로 하고 있다. 특별히 여행지를 정하고 떠나기도 하지만 대부분 목적지를 정하지 않고 출발한다. 미리 숙박할 곳을 정하지도 않는다. 하루가 저무는 곳이 숙박지다. 콘도라도 걸리면 다행이고 민박이나 가끔은 산사에서 묵기도 하고 여의치 않으면 비싼 호텔이라도 어쩔 수 없다. 먹는 것도 유명 맛집을 만나면 매식을 하지만 취사가 가능하면 현지 식재료로 별식을 만들어 먹는다. 소백산 부근의 시골 장터에서 녹두를 사와 숙소에서 끓인 죽이 녹두 빛깔과는 다른, 엉뚱한 붉은빛의 황당한 죽이 되었던 일도 있다.

여행은 돈 가방을 허리에 차는 순간부터 시작이다. 평소에는 총무가 따로 있지만 여행 시의 잡무는 내게 주어진다. 큰 차이가 아니라 해도 한 살이라도 젊으니 궂은일을 맡아야 한다는 회원들의 지엄한 명령을 거절할 명분이 없기 때문이다. 성격이 조금은 덜렁대고 급하기도 하지만 내 몸을 아끼고 보신하는 것보다 즐거운 여행을 위해 조그마한 힘이라도 보태면 마음이 편하다. 나는 운전도 하고, 모르는 곳에서 여러 정보를 묻는다든지, 계산을 치르는 등 마당쇠 역할을 맡고 있다.

이번 여행은 동해 방향으로 정하고 두 대의 승용차로 출발했다. 동해안을 끼고 통일전망대까지 다녀오는 4박 5일의 여행이다. 첫날은 영덕에서 대게도 삶아 먹고 불영 계곡을 둘러보며 기분 좋게 시작했다. 둘째 날은 일행들이 아무도 구경하지 못한 삼척의 대금동굴을 관광하기로 했다. 매표소와 대금굴 모노레일이 있는 승강장까지는 정확하지는 않지만 1km는 족히 넘는 산길이었다. 좁은 통로 옆 가드레일 밖의 개울에는 대금굴에서 흘러내리는 엄청난 물이 하얗게 콸콸 흘러내리고 있었다.

점심시간 즈음에 도착하여 점심을 먹기 전에 매표부터 하겠다고 서둘렀다. 매표소에 들러 표를 사려고 하니 사전 예약을 하지 않아 입장이 불가란다. 대금동굴은 굴 안의 환경보호를 위해 하루에 일정 한도의 관광객만 입장이 허용된다는 것이다. 기다리고 있는 일행들에게 이런 사정을 설명하기 위해 매표소를 돌아 내려오는 순간! 일이 벌어지고 말았다. 봄날 오후의 계곡 돌풍이 산 아래에서 위쪽으로 몰아쳤다. 한순간의 일이었다.

갑자기 일행들이 말벌에 쏘인 듯이 사방팔방 이리 뛰고 저리

뛰는 야단법석이 눈앞에 벌어졌다. 떡갈나무 잎 같은 것이 눈앞에 휘날리고 일행들은 그것을 잡으라고 소리소리 지르며 뛰어다녔다. 날아다니는 것은 내가 미처 지퍼를 올리지 않은 돈 가방에서 빠져나간 만 원권과 오만 원권이었다. 돈이 날아가는 것을 나만 모르고 있었다. 입장불가라는 말에 돌아서면서 여행 경비를 넣어둔 돈 가방의 지퍼를 미처 올리지 않은 것이 사건의 발단이었다.

마침 대금굴 관광을 마치고 내려오던 다른 관광객들이 허둥대는 우리들을 보고 안타까워 보였는지, 한편의 희극에 동참하는 기분이었는지 웃고 떠들며 돈 줍는 일에 동참하여 주었다. 과연 제대로 회수를 하였을까, 개울물에 휩쓸려 가지는 않았을까, 웃으며 뛰어들던 사람들이 몇 푼이라도 챙겨가지는 않았을까, 당장 길에 퍼질러 앉아 세어 보고 싶었지만 여전히 불어대는 바람에 돈 가방을 열어볼 엄두를 내지 못했다. 돈을 많이 잃어버렸다면 여행 기분을 엉망으로 만든다는 생각에 머리가 어지러웠다. 한바탕 소동이 끝나고 모노레일 승강장까지 걸어가는 1km 동안 머릿속이 여간 복잡하지 않았다.

승강장에 도착하여 돈을 정리하고 확인을 해보았다. 오만 원권과 만 원권을 포함해 181만 원이었다. 장부상에 남아 있어야 할 돈도 181만 원이었다. 정말 거짓말 같았다. 한 푼도 남기지 않고 몽땅 날아간 돈이 그렇게 소동이 벌어지고 한두 사람의 손을 거친 것도 아니면서 고스란히 그대로 돌아오다니 너무 신기했다. 순간이지만 다른 일행들을 의심한 것이 너무 죄송하고 미안했다. 이 광경을 지켜본 매표소 직원이 돈을 바람에 날리고 허둥대는 노인들이 딱했든지 입장권을 발매해 주었다. 하긴 거금의 돈을 바람에 날리는 평생 못할 구경을 이미 했다.

가끔은 길거리나 옥상에서 거금을 뿌렸다는 황당한 뉴스를 보면서 돈이 얼마나 많은 사람일까 혹은 어떤 돈키호테형 인간이면 저런 짓을 하는지 쓴웃음을 지은 적이 있다. 부자도 아니고 더구나 돈키호테형도 못되면서 거금을 봄바람에 날리는 본의 아닌 일을 저지른 장본인이 내가 될 줄을 어찌 상상이나 했겠는가.

이 멍청한 일은 우리 일행들의 여행 때마다 두고두고 웃음거리가 되고 있다. 긴 겨울이 끝나 가는지 살랑살랑 봄바람이 느껴진다. 이번 봄 여행에는 또 어떤 웃음거리가 생길지 봄보다 마음이 먼저 나선다.

부富와 빈貧

한 번도 가난을 겪어보지 못한 부자가 궁핍한 사람의 절박한 심정이나 서러움을 그대로 알기는 무리다. 부자로 살아보지 않고도 부자의 속내를 알기 또한 쉬운 일이 아니다. 가난하다가 부자가 되면 가난할 때의 마음과 같을 수 없다.

재벌 정도는 아니지만 우리나라에서 부자라고 말할 수 있을 정도의 재력을 가진 친구가 몇몇 있다. 나는 부자가 되어 보지 못해 부자들은 과연 어떤 마음으로 살아가는지를 모르고 어렴풋이 짐작만 한다. 부자 친구가 있어 그들의 살아가는 면을 간접적으로 짐작할 뿐이다.

그 친구는 부자면서 주위 사람들에게 펑펑 쓰지 않는다는 이야기가 들린다. 그가 부자 되는데 전혀 기여한 적이 없으면서 펑펑 쓰라는 쪽이 꼬인 심사인지 펑펑 쓰지 않는 쪽의 잘못인지를 단정하기는 어렵다. 단지 부자라는 이유만으로 펑펑 쓰다가는 부자 소리를 오래 들을 수 있겠는가. 부자 친구라고 만날 때마다 밥값을 낸다 해도 얻어먹는 것도 한두 번이다. 가난해도 부자도 처신은 쉬운 일이 아니다.

어느 부자 친구는 웬만하면 양복 차림을 하지 않는다. 늘 간편복 차림이다. 정장 차림이 귀찮기도 하지만 상대방의 눈치를 살펴야 할 일이 별로 없고 홀대해도 전혀 서럽지 않다고 했다. 두둑한 배포는 그의 든든한 재력에서 나오는 모양이다. 마음만 먹으면 언제든지 정장 같은 치장쯤은 할 수 있어 부럽지도 않고, 다른 사람의 지적에도 예민하게 반응하지 않는 것은 지갑이 든든해서인 모양이다.

P 대학에 거금의 장학기금을 내놓고는 출연 목적에 맞지 않는다고 소송을 한 S씨도 젊은 시절에 여름철이면 부산 서면 거리를 늘 밀짚모자에 고무신을 신고 은행을 출입했다. 서민들이 먹는 자장면을 즐겨 드시는 것을 어렵지 않게 볼 수 있었다고 했다. 부자라고 모두 산해진미나 고급 레스토랑을 이용하는 것은 아닌 모양이다. 더러는 노랭이라고 쑥덕이기도 하겠지만 없는 사람들이 부자의 마음을 어떻게 알겠는가.

규모는 중소기업이지만 모두가 알만할 정도의 제품을 TV 광고할 정도로 규모 있는 회사의 사장은 항상 부인이 운전하는 차편으로 출퇴근을 하고 그렇지 않을 때면 시내버스를 이용해 짠돌이라는 소리를 들었다. 그러나 의미 있는 일이나 문중 행사에 돈을 아끼지 않았고 모교에 거금의 장학금을 기부하기도 했다. 구두쇠라는 명칭이 늘 그를 따라 다녔지만 스스로 자랑스러운 구두쇠이고 싶어 했는지 모른다.

가난하다고 해서 모두 죽을 맛은 아니다. 부자의 사는 맛을 가난한 사람이 모르듯이 부자도 모르는 재미가 가난해도 얼마든지 있을 수 있다. 가난이 곧 불행이라는 공식은 성립되지 않는다. 없다고 해서 인생을 즐기지 못하고 행복하지 말라는 법은 없다. 부자들이 생각하기에는 '저렇게 구차하고 옹색한 삶을 뭣 때문에 살까' 하고 의문을 품을 수도 있겠지만 세상살이는 자기 나름의 길이 있다. 장미나 국화만 사랑받는 꽃이 아니며 백합이나 튤립만 향기가 있는 꽃이 아니다. 세상에는 화려하지 않아도 꿀도 많고 가슴 설레는 향기로 꽃의 역할을 다하는 꽃들이 더 많다. 아무도 찾지 않는 절해고도 암벽에서 화려하지는 않지만 온갖 고초를 의연히 견뎌내고 값진 난향을 아낌없이 피워내는 풍란 같은 고고한 인품이라면 돈으로 값을 매기거나 귀중품과 바꿀 수 있는 일은 아니다. 자기만의 할 일도 있고 행복할 수 있으며 보람과 긍지가 부자 못지않을 수 있다.

부자라면 자기 능력에 맞게 사회에 기여할 때 진정한 부자로 존경받을 수 있다. 채우는 것보다 그릇이 늘 더 크기 때문에 그릇을 다 채운 뒤 기여할 기회는 좀처럼 오지 않는다고 한다. 그렇다 하더라도 끼니만은 비럭질을 면하도록 하는 것이 자신에 대한 최소한의 예의다. 명심보감 성심편省心篇에 큰 부자는 하늘에 있고 작은 부자는 부지런함에 있다 (大富 由天 小富 有勤)는 가르침은 게으름 때문에 가난해서 남에게 손을 내민다면 남에게 부끄럽기 전에 자신에게 먼저 부끄러운 노릇이라는 것이다. 순명편順名篇에 어리석어도 크게 부유할 수 있고 지혜로워도 가난할 수 있다 (癡聾痼瘂도 家豪富 知慧聰明 却受貧)는 글귀가 나오는 것을 보면 옛날에도 빈부 차이는 있었던 모양이다. 아무리 요순시대가 온다고 하여도 집단생활을 하는 사회에서 빈부의 차이는 피할 수 없다. 가난해도 부끄럽지 않은 가난도 있고 사회적 책임을 다하는 부자라면 마땅히 존경받아야 한다.

스피노자는 사람들은 재물과 명예와 쾌락을 얻기 위해 끝없이 경쟁한다고 했다. 경쟁에서 우열은 피할 수 없다. 우열을 피하고 부정하고 싶지만 피할 수도 부정할 수도 없다. 빈부는 피할 수 없는 경쟁으로 나타나는 결과에 불과하다. 인간이 추구하는 목표가 달라지지 않는 한 부와 빈은 불가피해도 명예로운 부이어야 하고 부끄럽지 않은 가난이어야 한다.

경쟁

뛰어난 능력이나 재주도 없고 육체마저 약골이라 나는 경쟁이 두렵고 싫다. 가능하다면 경쟁을 하지 않고 경쟁을 피하고 경쟁이 없는 세상에서 살고 싶다. 힘 있고 능력 있는 사람들 속에 살아남기가 괴롭고 너무 힘이 든다. 경쟁이 없다면 몸도 마음이 정말 편하겠지만 경쟁을 없애려 해도 사는 동안 가능한 일이 아니다.

하기 싫으면 공부도 아니 하고 일이 싫으면 그 일도 아니 해도 잘 살 수 있다면 이보다 더 좋은 세상은 없겠지만 경쟁 없이 잘 살 수 있는 방법은 없다. 공부를 하고 일을 하고 체력을 증강하는 것은 결국 경쟁력을 키우는 기초가 되기 때문에 경쟁을 경험한 세대들은 죽자 살자 자식들을 닦달을 한다. 경쟁이 너무 힘들어 경쟁을 싫어하지만 살기 위해서는 어쩔 수 없이 경쟁에 뛰어들지 않을 수 없다. 경쟁을 포기하면 삶도 포기해야 하고 포기하지 않으면 그에 따른 고통을 피할 길이 없다. 뛰어난 능력을 지녔다 해도 경쟁을 하는 것이 수월하지는 않다.

살아 있다는 것은 경쟁에서 이겼다는 증거이기도 하다. 사람만 경쟁하는 것이 아니다. 짐승도 경쟁하고 경쟁에서 자유로운 식물도 없다. 아주 작은 벌레라도 자기들 세계에서 또 다른 강자보다 경쟁력이 없다면 멸종이라는 최후를 면할 길이 없다. 모든 생물은 수정을 통해서 생명을 얻는다. 수정 자체가 엄청난 경쟁에서 이긴 결과로 세상에 나왔다.

결혼할 때 미인을 찾고 더 힘 있는 상대를 선택하려는 것은 상대의 우수한 경쟁력이 자신의 경쟁력을 더욱 강화하는 수단이 되기 때문이다. 암수가 있는 종류는 최상의 상대를 고르기 위해 엄청난 고행을 감수하고 있다. 경쟁력 있는 2세를 물려주려는 피나는 경쟁을 하고 있다. 자신의 경쟁력을 키우려는 것은 본능이므로 경쟁력 있는 자를 선택하려는 노력은 필사적이다.

물 밖의 세상에만 경쟁이 있는 것이 아니라 물속이라고 경쟁하지 않고 살아 있는 것은 아무것도 없다. 날아다니는 새도 경쟁하고 곤충들도 경쟁한다. 다른 종류와도 경쟁하지만 같은 종끼리도 경쟁을 한다. 암컷은 암컷끼리 경쟁하지만 암수 간에도 더 많은 것을 얻기 위한 경쟁을 피할 방법이 없다.

꽃이 더 아름다운 색깔을 내는 것은 경쟁에서 이기고자 하는 방법이고 더 많은 꿀을 만드는 것도 경쟁의 수단이고 향기를 내뿜는 것은 많은 원군을 부르는 경쟁의 무기이기 때문이다. 나뭇가지만 경쟁하는 것이 아니라 수많은 잔뿌리도 영양분이 있는 쪽으로 기를 쓰고 뻗는다. 늦으면 영양분이 없어 성장은 멈추게 되고 고사의 길만 있을 뿐이다. 아름답게 새가 우는 것은 할 일 없고 심심해서 우는 것이 아니다. 자기의 건강함을 알려 더 좋은 짝을 부르는 무기이고 수단이고, 먹이가 있음을 알려 무리의 경쟁력을 키우려는 호소이기도 하다. 종족의 번성이 다른 무리와의 경쟁을 통해서라는 것을 미물이라고 모를 리 없다.

새가 화려한 깃을 뽐내는 것은 경쟁의 무기이기 때문이다. 맹수가 수놈끼리 처절하게 싸우는 것은 단지 암놈을 차지하려는 욕심만은 아니다. 경쟁에서 이기는 더욱 힘 있는 맹수로 대물림하기 위해서다.

같은 식물이라도 빨리 자라지 않으면 햇볕을 받지 못해 고사하기 때문에 죽기 살기로 자라서 햇볕을 더 받으려는 경쟁을 멈출 수 없다. 높은 산에 홀로 있는 나무는 햇빛을 받으려는 경쟁을 할 필요가 없으니 자라는 것이 매우 느리다. 경쟁이 없으니 당연히 성장 속도가 늦다. 경쟁하는 수고보다 경쟁 없는 편안함을 좋아해 경쟁하지 않으면 몰락하기 때문에 싫지만 경쟁을 피할 수 없다.

인간은 만물의 영장이라 경쟁을 피하는 별별 묘책을 다 동원해 보았지만 지금까지는 성공한 사례가 없다. 어떤 실험도 실패했다. 지금도 묘책이라고 실험을 해보고 여러 방안을 강구해 보지만 경쟁을 하지 않고 사는 방안을 찾지 못하고 있다. 경쟁에 이기면 살아남을 수는 있지만 경쟁을 하지 않으면 살아남지도 못하고 경쟁에 지면 사라진다는 것이 생명체에게 주어진 숙명이다. 경쟁하지 않으면 퇴보하고 결국 자멸의 길에 들어선다. 힘들고 괴로워도 경쟁을 피하지 못하는 것은 경쟁 없는 자멸보다는 경쟁의 괴로움을 감수하면서라도 살아남고 싶은 욕망이 커서 아무리 포기하려 해도 포기되지 않기 때문이다.

괴로운 경쟁을 원천적으로 피하는 방법은 없지만 어쩔 수 없이 타고난 약점 때문에 보통의 경쟁에 뛰어들 수 없는 약자를 우수한 능력자가 보호해야 경쟁력 없는 약자의 수를 줄이고 지속적이고 안정적인 경쟁력이 확보될 수 있다. 그렇다고 승자가 무조건 약자를 도와주기보다는 약자가 건전한 경쟁자가 되도록 도와주어야 한다.

인간이 할 수 있는 길은 선의의 경쟁을 하도록 공정한 룰을 만들고 지키도록 할 일이다. 경쟁 자체를 하지 않아도 잘 사는 방법이 있다고 부추기는 것은 경쟁이 싫은 나 같은 약자들에게는 구원의 손길 같지만 악마의 유혹일 뿐이다. 살아 있는 생명체가 경쟁을 해야만 하는 숙명에서 벗어나는 힘은, 안타깝지만 부여받지 않았음을 인정해야 한다. 경쟁이 없으면 결국 공멸의 길뿐이므로 경쟁이 무섭고 힘들고 싫지만 경쟁 자체를 부정하지 못하는 이유이다.

돈 쓰는 법

가진 것도 없고 큰돈을 만져보기는 고사하고 구경조차 해본 일이 없으면서 돈 이야기를 하자니 허파에 바람 빠지는 소리하냐고 야단을 맞을 것 같다. 가져 보지 않았으니 제대로 쓰는 법을 알 리 없다. 하지만 없으면 없는 대로 있으면 있는 대로 쓰지 않고는 살 수 없는 것이 돈이다.

월급으로만 살아왔으니 부(富)와는 인연이 멀다. 평생 사업 같은 건 할 엄두도 못 했으니 돈을 말할 입장은 아니다. 하지만 가진 것이 많고 적은 것은 것과 무관하게 돈을 무시하고 살 수는 없다. 돈을 떠나 산다는 것은 물고기가 물 없는 세상에 살겠다는 무모함이다. 돈을 번다는 것이 어렵다는 것은 더 이상 말이 필요 없지만 그렇다고 쓰는 것은 어디 만만한 일인가. 나는 버는 법도 돈 쓰는 방법을 모른다. 큰돈은 가져 보지 않았으니 큰돈 쓰는 법을 물론 알 턱이 없지만 푼 돈이라고 별로 다르지 않다. 여유가 있다면 전문가의 조언으로도 해결할 수 있겠지만 사생활에서 일어나는 씀씀이를 물어볼 수도 없으니 문제다.

돈을 잘 쓰는 법은 쓸 데 쓰고 쓰지 않을 자리에서는 물러서면 제대로 쓰는 것이지만 생각처럼 간단하지 않다. 이렇게 하면 자신을 속이는 것 같아 나에게 미안하고 저렇게 하면 상대방의 뜻을 몰라 망설여지는 게 돈의 속성이고 야속함이다. 생각 같이 되는 쉬운 일이 아니니 돈은 사람의 체면을 구기기도 하고 세워주기도 하는 마법을 지니고 있다.

기계를 꾸리는 데 필요한 돈은 가족 간에 용도나 방법을 터놓을 수도 있지만 사회생활을 하면서 시시콜콜 자신의 경제 사정을 밝히기는 어렵다. 있다고 우쭐거리는 것도, 없다고 비굴해도 좋은 모습은 아니지만 쉬운 일이 아니다. 돈의 위력은 주머니 속의 송곳 같아 그냥 있어도 슬며시 뚫고 나와 굳이 밝히지 않아도 주변에서 저절로 알게 된다.

다른 사람들과 어울리게 되면 필연적으로 발생하는 비용을 누군가 부담해야 한다. 규정이 있으면 규정에 따르지만 정해진 것도 없고 무시할 수도 없는 애매모호한 현실이 힘들고 어렵다. 공적인 모임은 기금이나 회비로 경비를 충당할 테니 문제가 되지 않지만 성금이니 기부금이 등장하면 돈의 위력이 나타난다. 돈에 대한 고민은 주로 사적인 만남 때 생기고 이 비용 처리를 제대로 하기란 쉬운 일은 아니다.

자주 어울리는 친구들 중에는 넉넉한 사람도 있고 나와 처지가 비슷한 사람도 있지만 나보다 더 어려운 사람이라고 왜 없겠는가. 넉넉한 친구와 어울릴 때도 어렵지만 나보다 더 힘든 사람이라고 고민이 없는 것도 아니다. 경제력이 우월한 사람과 어울린 경비도 간단하지만은 않다. 내가 경비를 먼저 내면 쥐뿔도 없는 주제에 체면치레는 어지간히 챙긴다는 소리를 듣지 않을까 염려가 된다. 내가 지출해도 상대방의 기분을 언짢게 하지는 않았는지 걱정이 되고 혹시 상대방의 호의를 무시하는 경솔한 처신이 되는 것은 아닐까 뒷맛이 꺼림칙하다. 그렇다고 머뭇거리고 넉넉한 사람이 처리하도록 기다린다면 없는 놈의 거지 근성은 어쩔 수 없다는 비난이 두렵고 남의 자존심을 세워주려면 내 마음에 그늘이 진다.

통 큰 사람이 더치페이 하자는 말을 먼저 꺼내면 홀가분할 수 있지만 경제력이 없는데 먼저 꺼내면 역시 없으니 좀생이라는 비난이 두렵다. 상대방의 호주머니 사정을 아는 형편이라 물어보지 않고 선뜻 지출을 한다면 상대방의 자존심에 상처를 입힐 수도 있다. 밥도 먹기 전에 누가 계산을 할 것이냐 밝히는 것도 너무 야박하다는 비난은 받을까 쉽게 꺼내지 못한다. 돈을 쓰고 상대방의 자존심에 상처를 낸다면 어리석은 노릇이지만 그 기준이 참으로 힘들고 어렵다.

모임에서 호기를 부리다가 막상 계산할 때가 되면 화장실에서 나오지 않고 전화기를 붙잡고 늘어지며 신발 끈을 풀었다 매었다 꾸물거리는 사람도 쉽지 않게 볼 수 있다. 그 사람의 입장은 이해되지만 그 지출을 하면 봉이 된 기분이고 구정물을 덮어쓴 기분이다. 그것도 모자라 자기가 계산을 하지 않은 것이 마치 승자인 듯 뒷짐을 지고 나오는 꼴을 볼 때면 돈 쓴 것이 보람인지 바보가 되는 길인지 헷갈린다. 돈은 현명한 사람을 만들기도 하고 바보를 만들기도 한다.

성금이나 부조금을 낸다고 회람을 돌리면 스스로 당당히 결정하지 못하고 우물쭈물하거나 남의 액수부터 살핀다. 계산은 분명하고 명쾌해야 하지만 똑같은 액수라 해도 주변의 눈치를 무시하기에는 내 간은 너무 작고 소심하다. 남과 같은 액수라도 문제가 없는 것은 아니다. 같은 액수라도 경제력의 평가에 따라 모자라면 인색하고 많으면 허풍쟁이가 되기 일쑤다. 돈을 쓰고 우쭐대면 우쭐댄다고 욕을 얻어먹고, 돈을 쓰지 않으면 구두쇠라고 놀림 받을 것이니 돈이 사람들의 자존심에 상처를 남기고 돈 때문에 입은 상처는 칼에 베인 상처보다 깊고 오래갈 수 있다.

친구들과 어울려 운동을 하면 필요경비가 들어간다. 닉닉한 친구가 먼저 이동 차편을 카풀로 하자고 제안을 했다. 필요비용을 더치페이하자고 먼저 이야기를 했다. 내가 바라는 바였지만 먼저 말을 꺼내지 못했다. 상대방이 불편해할까 염려가 되어서다. 나에게는 도움이 되지만 그에게는 번거로운 일이 될지 몰라서다. 같은 일이라 해도 어느 쪽에서 제안하느냐에 따라 느낌이 다를 수 있다. 만약 내가 먼저 제안을 했을 때 그가 전혀 그럴 필요가 없다고 한다면 얼마나 머쓱해지고 얼마나 민망한 일인가.

좀처럼 지워지지 않는 기억이 있다. 술 좋아하는 친구가 부자 친구에게 2차를 사라고 했더니 자기가 부자 될 때 뭐 해준 것이 있냐고 했다. 술자리가 이어졌는지 확인하지 못했다. 술을 사라고 한 사람, 못 사겠다는 사람 중 어느 쪽이 옳고 그른지를 아직도 분간 못 하는 나는 죽기 전에 돈 쓰는 법을 제대로 알기는 틀린 일이다.

돈은 쓰고도 욕을 바가지로 얻어먹기도 한다. 생색을 내지 않고 베푼다면 고마워할 수도 있지만 지나치게 위세를 부린다면 미안해하기보다 오히려 불편한 자리가 되기도 한다. 사전에 약속 없는 경비를 서로 내려는 것도 자칫 필요 이상의 자존심의 발동으로 인한 것이 되지 않아야 한다. 돈은 멀리하기에는 너무 아쉽고 가까이하기에는 너무 뜨거운 존재다. 무디기 짝이 없으니 돈 쓰는 법을 배우기는 가망이 없는데 돈 때문에 더 이상 속 끓여 무엇 하겠는가. 있으면 쓰고 없으면 못 쓰는 것을 누가 가르쳐 줘야 알 일인가.

다툼

사람만 다투는 것은 아니다. 살아 있는 것은 모두 싸운다. 남아 있는 것은 싸워 이긴 결과다. 동물도 식물도 싸운다. 몸체 속의 세포끼리도 다툰다. 다툼이 싫어도 사는 것 자체가 다툼이다. 좋게 말해 선의의 경쟁이다. 한 꺼풀만 벗기면 싸움은 피할 수 없고 뺏고 빼앗기는 다툼은 끝이 없다. 경쟁이란 미리 정한 약속을 따르는 것이지만 유불리에 따라 깨어지는 이름 좋은 불로초다.

땅 위나 밑에서도 다툼은 벌어진다. 강이나 바다며 보이는 곳이나 보이지 않는 곳에도 다툼은 끝이 없다. 다툼에 이기지 못하면 지고, 지면 멸종이다. 강자끼리도 약자끼리도 다투고 같은 무리도 다툰다. 힘을 키우는 데 필요하면 상대를 가리지 않는다. 텃새들도 영역 확보를 위해 싸운다. 같은 종류끼리 싸워 질서를 잡고 전열을 정비하면 다른 종과 싸워 영역을 넓히고 힘이 강해지면 또 다른 무리들과 다툰다. 싸움의 최대 무기는 힘이다.

독립 개체들끼리도 싸우고 개미나 벌은 집단으로 싸운다. 무리를 지어 사는 세계에는 무리를 이끌고 통제하는 수단이 싸움이며 이를 위해 전문적인 싸움꾼이 있다. 강한 것은 힘으로 다투고 힘이 모자라면 숫자로 싸운다. 호랑이나 사자도 숫자가 적고 약하면 이리나 하이에나를 당해 낼 수가 없다. 평화스러워 보이는 나비도 흔한 햇볕을 양보 못 할 것도 없는데 선점한 자리를 지키기 위해 다툰다.

사람들은 국토를 확장하고 자원 확보를 위해 싸우고 더 번성하기 위해 전쟁을 한다. 좁게는 같은 마을 안에서 싸우고 이웃과 국경을 다툰다. 같은 집단 내의 단합과 화합은 자신을 지키고 다른 집단과의 다툼이나 재난에 대비하기 위해서 필요하다.

나무가 빨리 자라는 것도 싸움이다. 빨리 성장 못하면 햇볕을 받지 못해 죽는다. 드문드문 있는 나무는 햇볕이 차단될 우려가 없어 생명에 지장이 없지만 밀식된 곳은 사정이 다르다. 칡넝쿨은 지면으로 뻗지만 햇볕을 가리는 물체가 있으면 생명에 위험을 느껴 무조건 기어오른다. 쭉쭉 뻗어 나가던 나무도 칡넝쿨에 햇볕이 가리면 맥없이 쓰러진다. 스스로 바로 설 수 없는 칡은 기어오르는 탁월한 무기가 있다. 땅바닥에 바짝 달라붙어 자라는 방법 외는 다른 수단이 없는 칡에게 햇볕을 가린다면 모두가 싸움의 대상이다. 지구 종말이 와도 최종적으로 살아남는다는 춰도 햇볕이 없으면 생명이 보장되지 않기 때문에 햇빛을 가리는 것이 있으면 기어올라 햇볕을 받아야 한다.

동물은 종족 보존을 위해 약한 수컷에게는 교미할 기회가 주어지지 않는다. 약한 새끼를 낳으면 살아남을 수 없다는 것을 알고 있기 때문이다. 암놈을 차지하기 위해 수컷끼리 다툼을 벌여 우수한 2세를 남기는 방법을 유전자로 물려받았다. 암컷도 좋은 수컷의 선택을 받기 위해 다툼을 벌여야 하지만 수컷은 소리도 커야 하고 빛깔도 고와야 한다. 몸집도 크고 힘도 세야 한다. 한 무리가 타 무리와의 싸움에서 이기려면 최대한 강한 무리를 만들어야 한다.

싸우기는 하지만 다툼에는 원칙이 있다. 자리를 확보하거나 싸움의 목표가 달성되면 새로운 대상이 나타나기까지는 정전 또는 휴전이다. 한번 이겼다고 영원한 승자가 아님을 알고 있다. 영원히 자기 자리를 만들기 위해 욕심을 부리지 않는다. 1톤에 가까운 황소들의 격렬한 싸움도 한쪽이 꼬리를 내리면 끝까지 공격하지 않는다. 승자의 당당한 모습만 보일 뿐이다. 다음 싸움을 위해 힘을 비축한다. 힘을 다 소비하면 새로운 상자에 당해내지 못한다는 것을 안다. 현재의 강자가 언제까지나 이 세상을 지배하도록 하는 실수를 조물주는 하지 않았고 허용도 않는다. 반드시 천적이 있어 이 균형을 깨지도록 배려해 두었다.

다투지 않고 모두가 편안하고 행복하게 살 수 있다면 어떤 노력을 하더라도 그 방법을 찾아야 한다. 하지만 아직 한 쪽의 희생 없이 모두가 잘 사는 방법을 찾지 못하고 있다. 싸움은 생과 사를 갈라놓을 만큼 처절하기 때문에 피하고 싶다. 죽기를 각오하고 싸우는 것은 삶에 대한 열망이 그만큼 강하기 때문이다. 강자라 하더라도 또 다른 싸움에서 이긴다는 보장이 없어 다툼을 피하고 싶다. 강자는 모든 패자들에게 도전의 대상이므로 불안하다.

하지만 이 세상에 동종이나 이종 간의 다툼이 전혀 없다고 곧 낙원이 되지 않는다. 먹고 먹히지 않는다면 아무것도 살아남을 수 없다. 매우 안타깝지만 다툼은 살아 있는 자가 영원히 해결하지 못하는 숙제요, 업이다. 다투지 않으면 지금의 능력도 그대로 유지하지 못한다. 정면 대결이 아니라면 도망가는 것도 방법이다. 왕성한 번식력으로 후손을 많이 만드는 것도 또 다른 힘이다. 분명한 것은 영원한 강자는 없고 다툼마다 이기는 승자는 없다. 힘들지 않고 잘 사는 방법도 없다.

피하고 싶은 사람

생활의 대부분은 사람들과의 어울림이다. 혼사 사는 사람도 있지만 혼자 살아도 집 안에만 머물지 않는다면 거리에서나 모임에서나 일상의 많은 부분은 사람들과 함께 한다. 사람들과의 관계가 원만하다면 인생의 절반은 성공한 사람이라고 믿고 싶다. 우리가 고민하고 어려운 많은 부분은 사람과의 관계가 원만하지 못해서 일어나게 된다.

마음 맞는 사람, 교양이나 장점이 많은 사람, 남을 해치지 않을 사람, 자기 일을 성실히 하는 사람들과 함께하기를 바라지만 누구에게나 그런 기회가 주어지지는 않는다. 처음부터 상대방이 어떤 사람인가를 쉽게 알아보기는 쉬운 일이 아니다.

반대로 피하고 싶은 사람은 어떤 사람일까. 집을 나서면 불특정 다수인과 만난다. 일면식도 없는 사람들과 같은 공간에 있다 보면 의사소통을 하지 않아도 조그마한 행동을 통해서 피하고 싫은 사람들을 보게 된다.

상대방이 어떤 사람인가를 아는 것은 어렵기도 하고 오랜 시간을 투자해서 다른 사람을 알아보는 것도 비능률이고 비효율이고 불가능한 일이다. 범죄까지는 아니고 법적인 문제까지는 아니니 잘못 참견하다가는 시비에 휘말릴지 몰라 못 본 척할 뿐 만나고 싶지 않고 피하고 싶은 사람들이 있다.

엘리베이터 특히 지하철 엘리베이터 탑승 때 먼저 탑승해 놓고 아무리 널찍해도 안쪽으로 들어가지 않고 끝까지 복잡한 입구를 사수하는 사람이다. 그 자리를 끝까지 지키는 목적이 뭘까. 빨리 내려 시간을 절약하기 위해서일까. 안쪽으로 들어가는 귀찮고 번거로움을 피하고 싶어서일까. 자기만 편하면 그 뿐, 모르는 사람들의 불편은 고려의 대상은 아니기 때문일까. 먼저 탑승한 사람이 안으로 차례로 들어가면 훨씬 효율적인 탑승이 아닌가. 여러 사람들과 부딪치는 괴로움에도 자리를 고수하는 사람들이 의외로 많음에 놀라지 않을 수 없다. 그 좁은 곳의 선후를 양보 못 하는 그 속마음을 알 수가 없다. 나만 편하면 다른 사람의 불편에는 전혀 관심 없는 사람은 피하고 싶다.

복잡한 시내버스에서도 이해하기 어려운 일을 자주 본다. 창측이 비어 있어도 복도 측 자리에 앉아 뒤에 탑승한 사람이 어렵게 안쪽으로 들어가게 할 뿐만 아니라 안쪽 사람이 몇 번이나 바뀌어 들락날락해도 그 자리를 고수하는 수고로움을 겪는 사람을 이해하기 어렵다. 자기가 내릴 지점에 한 번만 해도 될 수고를 여러 번 겪는 사람은 피하고 싶다. 차 안이 복잡하고 서 있는 사람이 있어도 좌석에 물건을 올려놓고도 못 본 척 신경을 쓰지도 않고 아무런 조치도 하지 않는 사람은 피하고 싶다. 자기만 편하면 다른 사람들의 불편쯤이야 눈 하나 깜짝하지 않는 사람은 평소 어떤 사람들과 어울리는지 궁금하다.

대중목욕탕에 목욕을 와서는 머리를 감고 몸의 먼지도 대충 헹구고 탕으로 들어가는 것이 공중목욕탕의 기본이다. 물 한 바가지 끼얹지도 않고 탕 속으로 직행하는 사람들을 보면 탕 속의 다른 사람들은 전혀 보이지 않는지 궁금하다. 비록 자신은 깨끗하다고 해도 다른 사람들의 기분쯤은 안중에 없는 것일까. 목욕탕에서 피하고 싶은 사람이다.

한 번 튼 대중탕 수도꼭지를 사용하지 않아도 잠그지 않고 다른 일을 하는 사람이 의외로 많다. 왜 사용하지 않을 때도 물을 잠그지 않은지 아무리 생각해도 알 수가 없다. 혹시 어린아이라면 철이 없거나 주의력이 산만해서 그럴 수도 있는 일이라고 생각할 수 있지만 장년도 있고 노인층도 볼 수 있다. 면노를 하는 동안이나 몸에 비누칠을 하고 몸을 씻는 동안, 양치질을 하는 동안 한 번 튼 수도꼭지를 잠그지 않는 까닭을 아무리 생각해도 모르겠다. 아무리 잠그기가 귀찮다 해도 요즘 수도꼭지는 몇 번을 돌려 잠그는 것이 아니라 살짝만 터치하면 열리고 닫히는 매우 간편한 시설이다. 목욕탕 여기저기에 붙여놓은 물을 절약하자, 가스값이 많이 올랐으니 에너지를 절약하자는 포스터는 장식이 아니지 않은가. 이런 사람들은 피하고 싶다.

뷔페식당에서 보면 종종 처음부터 커다란 접시에 이것저것 가득 담아 와서 겨우 몇 가지 젓가락질만 하다 입맛에 맞지 않은지 그냥 두고 또 다른 음식을 잔뜩 가지고 와서도 절반도 먹지 않고 또 다른 음식 사냥을 하는 사람들이 있다. 처음부터 조금씩 맛을 보고 입맛에 맞는 음식을 여러 번 가져와도 문제가 없을 것 같은데 왜 먹지도 않을 음식을 처음부터 태산처럼 들고 와서 버리게 하는지 도저히 알 수가 없다.

내가 식당을 하는 것도, 목욕탕 주인도 아니지만 이런 사람들은 피하고 싶다. 자신에게 이익이 되는 것도 아니면서 다른 사람에게 미치는 피해에 관심조차 없다면 누가 함께 하고 싶을까. 집을 나서면 하루에도 수많은 사람들의 배려와 협조, 도움을 받으면서도 정작 자신은 마음이 너무 가난해 다른 사람에 대한 최소한의 배려와 협조마저 할 수 없다면 어느 누가 당신과 함께 할 수 있겠는지 묻고 싶다.

계산

계산은 정확해야 한다. 누가 봐도 분명해야 한다. 한쪽은 분명하다고 하는데 다른 쪽이 받아들이기 어렵고 잘못된 계산이라고 하면 불화가 생기고 분쟁이 일어나고 결국 서로 인정을 못하게 되면 관계는 파국이다. 계산은 분명히 하고도 모자라는 부분을 채워주지 않는다면 분명한 계산이라고 할 수 없다.

계산은 주로 금전적인 것으로 생각하지만 마음으로 하는 계산, 말로 하는 계산, 노동으로 하는 계산이 있을 수 있으니 계산은 다양하고 복잡하다.

계산을 분명히 하고 사정에 따라 어느 한쪽이 얼마만큼 더 얻고 더 잃음을 서로 인정한다면 신세는 졌지만 잘못된 계산이고 흐린 계산이라고까지 할 수는 없다. 한쪽은 분명한 계산이라고 생각하는데 다른 쪽은 청산이 잘못됐다고 느끼면 공정한 계산은 아니다.

예를 들어 카풀을 하자고 처음부터 서로 정하지는 않았지만 서로 가는 곳이 같고 목적도 같은 데다 한두 번으로 끝날 일이 아닌 경우 두 대를 운행을 하는 것보다 한 대만으로도 소기의 목적을 달성하고 경제적으로도 수고로움도 줄일 수 있으니 이럴 경우 카풀은 매우 합리적이다. 특별한 사유가 없으면 서로 마다할 이유가 없다. 목적지가 같다면 두 대의 자동차를 움직이는 것보다 한 대만으로도 운송이 가능하니 경제적으로도 상당한 도움을 받는다. 사회적으로도 권장할 만한 일이다. 한 번씩 교대로 자기 차를 운전하는 것이 카풀 하는 사람들의 일반적인 방식이다. 차종을 따지고 소비하는 유류비를 따진다면 카풀은 하지 않아야 한다.

그런데 목적지가 같고 한쪽이 안가더라도 다른 한편은 어차피 가야 하니 편승하는 편에서는 자기가 이익을 보는 것은 분명하지만 그렇다고 자기 때문에 특별히 상대방에게 추가 부담을 시키는 것도 아니니 굳이 손해라고까지 할 것까지 없다고 하면 틀린 말이 아닌 것 같기도 하다. 그렇다면 불평까지 할 일이 아니지 않느냐고 한다면 계산은 틀린 것 같은데 말은 틀리지 않은 것 같기도 하니 얄궂은 계산이다. 불평하기도 좀스럽고 가만있자니 부아가 치밀지 않을 수 없는 계산이다. 자기의 불로소득은 상대방에게 피해를 준 것이 아니고 어차피 가는 편을 이용한 것뿐이라고 하면 틀린 말도 아닌 것 같아 보이지만 이 계산은 힘 있는 쪽에서나 하는 일방적인 계산이다.

자기 차를 운행하지 않아 얻은 소득을 나누는 방법은 당연한 자기 몫이고 자기 때문에 손해 본 것도 없는데 따진다고 하는 계산은 평등한 계산으로 볼 수 없다. 카풀을 하지 않는다면 전과 같이 매일 차를 운행해야 한다. 다른 사람을 태워 간다고 해서 크게 비용이 증가하지는 않는다. 종전에 비해 그다지 비용은 증가하지 않으니 수치상으로는 손해가 아니라는 주장이 맞다. 차를 운전하는 사람은 종전에 비해 손해가 없으니 자기가 얻어 탄다고 해서 불평하지 말라는 계산을 하는 사람들이 있다. 손해가 아니라고 말하는 사람이 일방적으로 이득을 취하는 것 같아 배가 아프지 않을 수 없다. 말은 틀리지 않은 것 같은데 계산은 꼬인 것 같아 느낌이 묘하다.

네가 손해 본 것도 없는데 내가 덕을 본 것에 왜 배 아파하냐며 못난 사람 취급을 당할 수도 있다. 심장이 튼튼한 사람, 얼굴이 두꺼운 사람, 힘 있는 사람들이 흔히 하는 계산법이다. 자기 때문에 손해 보는 것이 없다는 주장에 얼른 추가 비용이나 손해로 내세울 수치가 부족하고 나로 인해 상대방이 누린 혜택이 있다는 주장을 못 하는 것이 약자가 앓는 병이다.

굳이 카풀의 예가 아니더라도 네가 별달리 자기를 위해 하지 않았으니 내가 설사 무엇을 얻었다고 해서 배 아파하거나 손해라는 주장을 하지 말라는 사람들이 너무 많다. 상대방이 자기를 위해서 하지 않았다고 해서 자기가 누린 이득에 대하여 당연시하고 상대방의 시린 심정을 헤아리지 못한다면 불신과 단절의 벽은 높아만 갈 것이다. 일방적인 계산법으로 힘없는 사람들을 몰아세우는 사회는 행복할 수 없는 사회이다. 산술적으로 완벽한 계산이지만 어딘가 잘못된 계산인 듯 느껴지기도 하니 숫자가 맞았다고 언제나 정답일 수 없는 것이 계산이다.

일당 5억

광주고법이 500억 원을 탈세하고 100억 원의 회삿돈을 횡령한 대기업 회장에게 집행유예 4년과 벌금 254억 원을 선고했는데, 벌금을 내지 않아 노역장 유치 판결을 하였고 노역 일당을 1일 5억 원으로 환산한 것이 대법원에서 확정되었다는 뉴스를 보았다.

정해진 기간 안에 벌금을 내지 않으면 노역장에 유치되는데 일당을 5억 원으로 계산하여 벌금이 모두 탕감되었다고 한다. 탈세와 횡령을 하고도 집행유예로 옥살이도 하지 않고 49일의 노역으로 벌금 254억 원을 챙긴 셈이다.

일당 5억 원은 지금까지 법원 판결 중 최고 액수라고 한다. 현행법은 노역의 경우 법관이 일당을 재량으로 정할 수 있다고 하지만 이 정도의 재량이면 황제급이다. 벌금을 내지 않으면 법원은 3년 범위 안에서 적절히 수감 일수를 정하고 벌금액을 그 일

수로 나눠 일당을 산정하게 되어 있다니 법률 전문가인 판사님들이 법을 몰라서 한 판결은 아니라 믿는다. 벌금을 내지 않을 경우 최대 3년까지 수감할 수 있는데 49일과 3년은 멀어도 너무 먼 거리다.

일당 5억 원이 되면 노역 일이 50일이 되고 일당 2천 3백만 원이면 노역일 수가 1,000일이다. 노역 일당과 기간이 판사님의 재량이라면 재량의 기준이 너무 일방적이지는 아닌지 묻고 싶다. 평소의 소득이 높고 낮음을 기준으로 하는지 사회적 지위가 일당의 근거가 되는지 탈세와 횡령을 많이 하면 할수록 경감을 해 주는지 모를 일이다. 친소가 기준인지 유전무전이 기준인지, 이런 능력을 갖추지 못한 사람들의 속을 정말 몰라서일까 누구도 두렵지 않은 배짱 때문일까 너무 궁금하다.

벌금의 검사 구형은 1천 16억 원이었는데 1심은 508억 원으로 선고하고 2심은 254억 원으로 정확하게 절반으로 줄여 선고했다. 따라서 노역 일당도 1심은 2억5천, 2심은 5억으로 정확하게 배로 불어나니 손발이 척척 잘도 맞았다. 사실 원래 벌금이 254억 원인데 249억 원으로 줄어든 것에도 기절초풍할 계산법이 있었다. 2009년 영장실질심사 때 하루 동안 구금됐기 때문에 벌금 5억 원을 차감해 주었다고 한다. 심지어 2014년 3월 22일 토요일 오후 여섯 시에 인천국제공항으로 입국한 탈세와 횡령의 죄인은, 광주교도소에 밤 11시 40분에 도착하여 일당 5억 원을 탕감받았다. 일요일은 휴무로 5억 원을 탕감받고 월요일은 건강검진 등으로 하루를 보내 또 5억 원을 탕감받았다고 한다. 교도소에 있었다 해도 토, 일요일이나 공휴일은 빼고 보면 실제 노역 일수는 49일에 훨씬 못 미친다. 큰 잘못이 없어도 유치장에 붙잡혀 있다가 그냥 돌아가라는 말에도 불평도 못하고 오히려 고마워하는 어진 백성도 많다는 것을 판사님들은 들어 보지도 못한 모양이다.

탈세와 횡령을 한 보통 사람의 노역 일당은 일반적으로 5만 원이라고 하니 1만 배의 차이가 난다. 벌금 1,100억 원을 선고받은 전자 회사 회장의 노역 일당이 1억 1천만원이라는 보도에 재벌의 위력을 실감했다가 어느 선박왕의 노역 일당이 3억 원이라는 보도에 참담한 기분이었는데 이제 일당 5억 원이라는 기록이 나오니 놀랍지도 않다. 배짱 두둑한 판사님들의 신기록 수립이 기대될 정도다.

누구에게는 하루 일당 5억 원이 껌값인지는 모르지만 남의 돈이라도 한꺼번에 5억 원을 구경조차 못 한 사람들의 서글픈 마음을 어떻게 달래야 할지 답답하다. 억울하면 출세를 하라고 할 것인가 아니면 재벌이 되라고 할 것인가. 일반 서민들이 분통 터져 죽을 만큼 약올리는 일이다. 우스개 이야기도 아니고 이런 선고를 내린 판사가 남의 나라 판사가 아니라 우리나라의 하늘 같은 판사님이라고는 믿어지지 않는다.

이런 보도를 보면서 대다수 국민들이 느끼는 절망감과 막연한 분노가 크게 다르지 않을 것이다. 판사님은 세상을 쥐락펴락하실 권한을 가져 즐거우실 줄 모르나 일하고 싶어도 일할 곳도 없고 죽기 살기로 일해도 목구멍에 풀칠하기조차 급급한 사람들을 도와주지는 못할망정 더 절망하게 하고 더 분노하게 하는 것은 죄가 안 되는 것인지 따지고 싶다.

같은 날 극단적으로 다른 판결이 신문에 보도되었다. 처음 물건을 훔쳐 1년 6개월 형을 받은 사람이 출소 후 교통사고로 거의 시력을 잃은 후 직업을 구하지 못하여 생계형 절도를 저질러 1만 5천 600원을 훔치고 징역 3년 형을 선고 받았다니 달라도 너무 먼 별나라의 이야기처럼 느껴진다. 능력 있고 유능한 판사님들이 최선을 다해 법에 입각하여 내린 판결일지니 뭐라고 따질 일은 아닐지 모르겠으나 억장이 무너진다는 말이 이런 일을 두고 하는 것이 아닐까 싶고 죄도 능력 있는 사람이나 저지를 일이지 힘없는 사람들은 엄두 낼 일이 아님을 절감하게 한다.

노역제도는 벌과금을 낼 경제적 여유가 없는 사람에게 몸으로나마 죗값을 치르라는 취지지만 충분히 벌과금을 낼 법한 재벌에게 상상을 초월하는 일당으로 벌과금을 탕감해 주는 것은 뭐라 해도 쉽게 납득이 되지 않는다. 잘난 사람들이 서민들을 마음껏 조롱하는 맛을 알 수 없지만 하루에 웬만한 아파트 하나를 사고도 남을 돈을 챙긴다고 생각하면 자기 집 하나 가지는 것을 평생 꿈으로 갖고 있는 서민들의 분통이 어디로 튈지 알 수 없는 일이다.

정당한 부자와 서민들의 아픔을 진심으로 위무하는 고관들은 마땅히 존경받아야 한다. 부정으로 치부한 거부나 자리를 이용해 국민들을 괴롭히는 고관들은 백성들의 원망이 결국은 엄청난 재앙이 된 역사의 교훈을 모르지는 않을 것이다. 하루하루 살아가기도 힘든 서민들이 이런 보도를 보면서 쌓이는 적개심이 우리 모두에게 어떠한 재앙이 될지는 아무도 모를 일이다.

얼굴 증명서

살다보면 자기임을 확인하고 증명할 일이 생긴다. 그래서 주민등록증이나 여권 또는 면허증, 자격증, 각종 증명서 등으로 자기임을 밝힌다. 자기를 증명하기 위해 공부하고 훈련한다.

많은 일들이 온라인으로 이루어지는 시대지만 일상생활 모두를 온라인으로 다 해결할 수 없다. 온라인 활동을 하다가도 시간이 지나면 만남이 이루어진다. 회의도 하고 밥도 같이 먹고 차나 술도 마시며 얼굴을 마주하고 확인하게 된다. 온라인은 얼굴은 감출 수 있지만 모든 일상생활이 온라인으로는 불가능하니 오프라인을 무시할 수 없다. 학교도 가야하고 직장에도 출근하고 취미활동 같은 또 다른 단체 활동에 참여해 얼굴을 마주하는 것은 우리의 본래의 모습이고 삶이다. 오프라인에서 본인임을 확인하는 가장 확실한 증명서는 자신의 얼굴이다. 얼굴로 한 번 확인하고 나면 일일이 증명서를 내일 필요가 없다. 요즘 같은 증명서 범람 시대에 얼굴 증명서를 발급해 주는 곳은 없지만 얼굴보다 더 확실한 증명서가 어디 있겠는가?

이렇게 소중한 얼굴이다 보니 누구나 아름다운 얼굴, 존경받는 얼굴, 훌륭한 얼굴, 자랑스러운 얼굴을 위해 끊임없이 많은 시간과 엄청난 비용을 투자한다. 화장을 하고 성형을 하고 꾸미고 다듬는데 정성을 쏟는다. 이러한 모든 노력의 결과로 자기의 얼굴이 만들어진다.

그 사람의 이름을 떠올리거나 그 사람을 생각하면 제일 먼저 그 사람의 얼굴이 떠오른다. 얼굴은 누구나 들고 다니고 얼굴을 숨기고 살기는 거의 불가능한 일이다. 표면적인 얼굴도 물론 중요하지만 내면적인 얼굴은 더 소중하다. 내면을 가꾸지 않고는 멋지고 아름다운 얼굴을 지니기 어렵다. 겉 포장 보다 내용이 빈약하면 실망은 더 크다. 내면이 맑고 고우면 외면의 얼굴은 그대로 맑고 곱고 아름답지 않을 수 없다.

표면적인 얼굴 꾸미기에는 온갖 노력을 다 하지만 잘 보이지 않는다고 내면의 얼굴에 소홀히 하는 경우가 많다. 어느 한쪽만으로 최상의 아름답고 훌륭한 얼굴은 기대하기 어렵다. 표면적인 얼굴을 잘 꾸미면 상대방을 일시적으로 속일 수 있을지는 몰라도 결국 본연의 얼굴을 끝까지 감출 수 없다.

표면적 얼굴과 내면적 얼굴의 상처는 고칠 수 있다. 어쩔 수 없는 실수도 자랑은 아니기에 고치도록 힘써야 한다. 고의로 남에게 피해를 주고 속이고 자기 욕심만 부리고 약자를 이용하고 약자를 짓밟고 오만불손하고 권력자에 아첨하면 얼굴은 오물로 더럽혀지고 지울 수 없는 험한 흉터를 남긴다. 그러고도 아름답고 멋진 얼굴을 원하는 것은 있을 수도 없고 가당치도 않다. 과오와 몰염치는 남을 속일 수 있을 것 같지만 부끄러워진 얼굴 증명서는 아무데도 쓸 곳이 없어진다.

가장 아름다운 얼굴은 어떤 얼굴일까. 그 사람을 생각하고 얼굴을 떠올리면 믿음이 가는 얼굴, 나를 직접 도와주지는 않아도 해치지 않을 것 같은 얼굴, 작은 약속이라도 꼭 지키는 얼굴, 조그마한 고마움에도 감사하는 얼굴, 유능하지만 함부로 과시하지도 무시하지 않는 양보와 겸손의 얼굴, 겉 다르고 속이 다르지 않는 믿음의 얼굴, 강자에게 비굴하지도 약자 앞에 군림하지 않는 소신의 얼굴이라면 더 무슨 증명이 필요하며 이보다 더 아름다운 얼굴이 어디 있겠으며 세상 어디 통하지 않을 곳이 있겠는가.

여든이 넘도록 험하게 써온 내 얼굴 증명서에는 얼마나 많은 오물이 묻고 얼룩지고 나만 모르는 흠집이 남아있을까. 감추고 지우면 훗날 말끔한 증명서가 될 줄 알았지만 화장품, 성형도 무용지물이다. 환영까지는 감히 바랄 수 없지만 기피하는 얼굴 증명서만은 아니길 바란다. 사용할 수도 내놓을 수도 없는 얼굴 증명서를 만들지 않았기를 바란다. 조금은 부끄럽지않은 얼굴 증명서이길 바란다.

6 부

거울을 멀리한다는 것

암컷과 수컷

누구나 하지만 아무나 할 수 없다

체면體面 2

못 고치는 병

기회를 잃는다는 것

노인의 자리

농바위

하루살이풀(달개비)

노인복지관

거울을 멀리한다는 것

언제부터인가 거울 보기가 두려워진다. 세수를 해도 스킨이나 로션을 바르지 않은 지 꽤 오래되니 거울 볼 일이 그만큼 줄었다. 이발소나 미장원에서 이발을 하지 않은지도 상당하니 그만큼 거울을 볼 기회도 점점 적어지고 있다. 거울을 쳐다보며 새삼 다듬을 일도 없지만 다듬는다고 없는 멋이 나타나겠는가. 다듬는다는 것은 본래의 모습을 가리는 일이다. 살다 보면 자신의 모습이 어떠하다는 것을 자기보다 남이 더 알게 된다. 꾸미고 가꾼다고 크게 달라질 것도 없지만 감추어도 본 모습이 은연중에 배어 나온다.

사람들은 두 종류의 거울을 가지고 있다. 내 모습을 비춰보는 거울과 마음을 비추는 거울이다. 거울이 없어 자기 모습을 보지 못한다면 얼마나 궁금하겠는가. 거울은 자기 모습을 보고싶은 마음에서 출발하지만 자신이 얼마나 아름다운지 뿐만 아니라 얼마나 부족한지도 확인시켜 준다. 아름다우면 더욱 훌륭하기를 원하고 모자라면 보완하려는 마음은 피할 수 없는 일이다.

50년 이상을 써온 일기를 얼마 전부터 메모로 바꾼 것은 거울을 보지 않는 것과 같다. 거울을 본다고 예쁜 모습이 나오지 않듯이 일기를 쓰면서 무엇을 기대하기가 그만큼 줄어들었기 때문이다. 일기 쓰기는 학교 숙제로 시작하였지만 매일 쓰면서 내 모습이 날날이 비치는 소중한 거울임을 알게 되었다. 처음부터 다시 읽기 위해 쓰지는 않았지만 매일매일 일기를 쓴다는 것은 자신의 생활이 비쳐지고 뒷모습을 살피게 하는 거울이기 때문이다. 일기는 외부만 보여 주는 것이 아니라 내부까지 그대로 보여 준다.

1998년부터는 컴퓨터로 일기를 썼다. 작은 디스켓(3.5인지 플로피)에 저장하다 보니 그 양도 만만치 않았다. 수십 년간 써온 일기장을 얼마 전에 모두 소각하면서 디스켓은 소각이 마땅치 않아 재활용품으로 처리하기 전에 대충 훑어보았다. 그렇게 소중하고 잊을 수 없다고 정성 들여 쓴 생각들과 사건들이 아무 일도 아닌 듯이 무덤덤하게 눈만 껌벅거리는 모습이다. 그때는 나에겐 중대한 사건이고 잊을 수 없는 일이었지만 다시 보니 산 위에서 먼 산 아랫마을을 바라보는 느낌이다.

이렇게 사는 것이 정말 사는 것이냐고 고뇌하고 고민한 순간들, 시간이 늦을까 노심초사 달려간 숱한 모임들, 가까운 이들이 각종 질병에 시달리어 초조하고 불안하던 시간들, 조금이라도 더 좋은 실적을 내려고 시간과 업무에 쫓기던 모습들, 고삐 풀린 망아지처럼 즐거웠던 여행길, 이겨도 져도 그만인 운동경기의 스코어에 매달리고 애태우던 날들, 원고 마감일을 못 맞춰 미안했던 일, 시간이 정해져 있는 문상이나 문병을 결례가 될까봐 허겁지겁 다녀온 날들, 뜻하지 않은 교통체증에 약속을 지키지 못해 결례를 저지른 일들, 생활이 따분하고 다람쥐 쳇바퀴 돌리는 일상이고 하는 일 없이 하루를 낭비했다고 아까워 한 나날들, 해결해야 할 업무가 부담스러워 발길이 무거웠던 출장길, 애써 노력한 일들이 수포로 돌아가 섭섭해 한 일들, 이것도 저것도 안 될 때는 날씨 때문이라고 투덜댄 날들, 취미생활이 일상의 전부인 양 물불을 가리지 않고 매달리며 애태우고 땀 흘린 시간들, 딸들을 시집보내며 걱정하던 날이며 초조하게 기다리던 외손이 마침내 태어나서 가슴 쓸어내린 안도의 날도 보인다.

소중하게 써온 일기들을 많은 세월이 흐른 뒤에 다시 보니 초조해하거나 기뻐 날뛸 일도 놀랄 사건도 아니요, 화낼 일도 용서 못 할 일은 더욱 아니며 남들과 다투고 화낸 일들도 대단하지도 않은 일인 듯 거울에 가물가물 비친다. 이런 모습들이 내 거울에 비친 내 모습들이다.

그때는 왜 그리 답답해하고 뭐가 그리 화가 나고 무엇이 그렇게 대단한 일이었는지, 왜 그리 안달을 하고 살았는지, 그렇게 한다고 과연 무엇이 얼마나 달라졌는지. 일기장에 비친 내 모습은 아무 일도 아니란 듯이 조용히 숨을 죽이고 있었다. 중요하다고 기록한 지난날들은 다시 들여다보니 화장을 하고 옷을 갈아입고 넥타이를 고르는 평범한 일상과 차이가 없다.

거울을 보는 횟수가 줄어든다는 것은 그만큼 늙어 간다는 것이다. 거울을 멀리한다는 것은 잘잘못이 거울에 있지 않다는 것을 안다는 뜻이다. 늙어 간다는 것은 거울 볼 일을 줄이고 나의 뒷모습을 남들이 보게 하는 것이다. 꾸밈과 상관없이 남들의 눈에 본래의 모습이 드러나는 과정이다. 늙는다는 것은 아름다움을 위한 노력을 하지 않아도 된다는 것이 아니라 거울을 보지 않아도 흐트러짐이 없어야 한다는 의미이다. 거울을 보는 수고를 아껴도 된다는 의미이고 거울을 보지 않아도 어디가 부끄러운지 알고 있다는 뜻이다.

암컷과 수컷

생물에는 수컷과 암컷이 있다. 암컷과 수컷은 음과 양이고 만물의 조화를 이루는 기본이다. 종족 보존을 위한 최선의 방법으로 암컷과 수컷으로 갈라놓았다. 모든 생물체는 종족 보존을 위해 종류마다 최대한의 비밀을 지니고 있다. 모든 생명체는 더 우수한 종족 보존을 위해 눈물겹고 피 말리는 노력을 끝없이 이어 나간다.

봄부터 밤낮을 모르고 울어대는 개구리며 소쩍새나 매미는 자기를 알리기 위해 수컷이 목청껏 노래를 부른다. 숲속에서 지저귀는 수많은 새며 호젓한 산속에서 구슬피 우는 산비둘기도 즐거워 부르는 노래도 아니고 할 일이 없어서는 더욱 아니다. 많은 암컷들의 환심을 사서 더 많은 교미로 우수한 종족을 씨받이하려는 절실한 사명감이다.

매미는 땅속에서 십 년, 이십 년을 기다려 태어나 십오일 정도의 그 짧은 삶 동안 온통 암컷을 찾는 노래를 부르는 것으로 여름을 다 보내고 있다. 우렁차고 아름다운 노래를 부르는 매미만이 암컷들의 선택을 받는다. 종족 보존을 위해 온갖 곤충들도 노력을 한다. 가을 밤잠을 못 이루게 하는 수많은 풀벌레나 애절한 귀뚜라미의 노래도 역시 수컷의 몫이다. 더 우수한 종족 보존을 위하여 자신이 튼튼한 존재임을 암컷에게 알리기 위해 더 크고 고운 노래로 암컷을 부른다.

거미는 교미가 끝나면 암컷의 먹잇감이 되어 준다. 자신을 영양분으로 삼아 우수한 종족 보존을 해달라는 끝없는 희생정신이다. 물고기라고 다르지 않아 부화를 위해 멀고 먼 길을 달려온 연어도 수정을 위해 목숨도 돌보지 않는 것은 피할 수 없는 형벌 같기도 하다. 지렁이는 또 어떤가. 한 몸에 암수를 다 가지고 있지만 교미를 하지 않는다. 근친 간의 교미가 종족 보존의 치명적임을 알기에 쉬운 방법을 택하지 않고 어려운 길을 찾아 나선다.

수컷 공작의 눈부신 화려함도 수탉이나 장끼의 붉은 벼슬과 깃털도 사랑을 위한 눈물겨운 치장이다. 오랜 세월 동안 암컷들의 사랑을 받기 위해 갈고닦은 노력의 결과이다. 수컷은 강한 것 같지만 암컷에게는 한없이 약하고 암컷의 환심을 사기 위해 치열한 경쟁을 해야 한다. 수컷은 암컷을 차지하기 위해 목숨까지 걸 만큼 적극적이다.

식물이라고 다르지 않다. 산과 들에서 철 따라 피는 꽃의 아름다운 색깔과 향기는 사람들의 눈을 즐겁게 해주려는 것은 아니다. 빛깔을 화려하게 가꾸고 더 많은 꿀과 향기를 내보내는 노력은 벌과 나비를 불러들여 수정하기 위한 식물의 생식기관이고 종족 보존의 수단이다.

나무도 암나무와 수나무가 있다. 우수한 후손을 남기기 위하여 불꽃 튀는 경쟁을 한다. 구지뽕나무, 은행나무, 애기감나무처럼 수나무는 더 많은 꽃가루를 더 멀리 날려 보내 암나무에게 수태를 시켜야 한다. 열매를 맺지 못하면 멸종뿐이다. 튼튼한 꽃가루를 더 많이 더 멀리 있는 암나무에게까지 전하는 노력을 한다. 암수가 같이 있어도 여왕 같은 암술에 비해 수가 많은 수술의 경쟁은 필수다. 암술의 간택을 기다리는 수술이 한둘이 아니다. 그만큼 치열한 경쟁에서 이겨야 한다.

살아가면서 한 번도 연애를 못 하는 수국은 꽃을 피워도 헛꽃이기에 벌도 나비도 찾지 않는다. 그러나 종존 보존만은 포기할 수 없는 숙명이기에 끊임없이 자기를 아름답게 가꾸어 멸종의 비운을 이겨내고 있다. 수국의 장점이 없다면 옮겨 심는 수고를 누가 하겠는가. 팽나무 오디 같은 작은 열매는 암수가 수정의 1차 목적을 달성했다 해도 더 많은 종족 보존을 위해 새가 따먹어도 소화되지 않은 단단한 씨앗으로 짐승들의 배설을 통해 종족을 퍼뜨린다.

인간이라고 예외랴. 남성들의 근육질은 건강하고 멋져 보이려는 단순한 뜻만이 아니다. 기계가 발달하기 전에는 근육질의 남성들이 필요했다. 오늘날 힘으로 할 일이 거의 없어도 헬스클럽에서 남자들은 몸만들기에 비지땀을 흘리고 있다. 남성들이 그렇게 힘들여 근육질의 몸을 만드는 것은 여성의 선택을 받아 우수한 종족을 보존하려는 유전자 때문이다. 여자들도 다르겠는가. 건강하게 살고 싶다 말해도 그것이 전부겠는가. 성형을 하고 많은 비용과 정성을 들여 꾸미는 것은 우수한 남성의 선택을 받기 위한 피할 수 없는 수단이다. 누구에게 잘 보이려는 것이 아니고 자기에 대한 예의라고 외쳐도 아름다워지려는 바탕에는 좋은 수컷의 선택을 받으려는 유전자가 남아 있기 때문이다.

지구상에 존재하는 모든 생명체에는 많은 욕망이 있지만 절대로 포기할 수도 포기되지도 않은 것이 식욕과 성욕(종족 보존의 욕망) 이다. 식욕과 성욕을 잃는다는 것은 곧 죽음이고 멸종이다. 식물이라면 아름답든지, 꿀이나 꽃가루를 많이 지니든지, 많은 씨앗을 만들거나, 바람에 날릴 만큼 가벼워야 멸종의 길을 피할 수 있다. 힘이 약한 동식물은 최대한 많은 씨앗이나 새끼를 퍼뜨려야 일부라도 살아남아 종족을 보존한다.

인간은 종족 보존을 위해 폭력적인 수단을 동원하면 공멸한다는 것을 알기에 어떤 동식물보다 절대적인 식욕과 성욕을 합리적으로 해결하는 제도를 스스로 만들었지만, 문제해결은 멀고 멀다. 식욕과 종족 보존의 욕망이라 해도 절제라는 수단을 통해서 합리적인 방법을 유지해야 한다. 아무리 유전적으로 타고난 식욕과 성욕이라 해도 사회적 규범을 따르지 않으면 사람임을 포기한 짓이고 절제할 때 비로소 사람의 대열에 오를 수 있다.

강한 육체로 사냥과 농사를 짓고 적으로부터 보호를 책임지던 남성 우월적 시대는 이제 끝났다. 여성은 더 이상 남성의 보호가 필요하지도 원하지도 않는 시대가 되었다. 남성의 역할을 대신할 수 있는 문명의 발전은 힘만 믿어온 남성들의 자리를 위협하는 시대가 되고 말았다. 스스로 독립할 수 있는 능력은 남성보다 오히려 여성이 더 우수해졌기 때문에 남성들의 수난은 점점 더 심해진다. 남성들은 여성의 보호를 받을 것에 대비해야 한다.

끝없이 이어지는 성폭력으로 시끄러운 문제는 암수를 뒤바꾸는 기술을 개발하지 않고는 쉽게 풀릴 것 같지 않다. 여성과 남성은 어느 한쪽이 정복과 공격의 대상이 아니며 종족 보존을 위해 함께 하는 영원한 동반자이며 동시에 아름다운 경쟁자임을 잊지 말아야 한다.

누구나 하지만 아무나 할 수 없다

언제부터인가 지금 내가 하는 일이 앞으로도 계속할 수 있는 일인가 하는 생각을 하게 된다. 한다해도 얼마나 더 할 수 있을까 하는 의문이 생긴다. 이미 많이 줄어들어 내가 할 수 있는 일이 별로 없다. 새로운 일을 할 기회는 오래전에 사라졌다. 지금까지 해오던 일도 하지 못하게 되니 세월의 무게가 절실하다. 경제활동은 그림의 떡이지만 새로운 시작이나 투자의 기회가 사라지고 있다.

해외여행을 가는 것도 건강에 자신이 없기도 하지만 일행에게 부담스러울 것 같아 그림의 떡이다. 승용차도 차령 10년이 되었지만 새 차를 구입하기에는 구입 시점이 이미 지나버렸다. 귀중품에 대한 관심도 오래전에 사라졌다. 새 양복이나 구두를 살 일도 없다. 새 옷 새 구두로 어디 갈 곳도 없고, 넥타이를 맬 일도 거의 없다. 있는 옷도 내다 버릴 일만 남았다. 그 외도 수많은 일들이 나와는 점점 멀어지고 있다.

유일하게 사용 중인 운전면허증을 갱신하였다. 75세 이상이면 건강검진과 함께 보건소에서 치매검사로 적정 판정을 받아야 한다. 교통공단에서 실시하는 두 시간의 고령자 교육도 받아야 했다. 그것도 7년이나 5년이 아닌 유효기간 3년의 운전면허증이다. 결국 3년마다 운전을 위해서 복잡한 갱신 절차를 밟아야 한다. 3년 후 팔십 중반을 넘어 살아 있다는 보장도 없지만 살아 있다 해도 건강을 보장할 수 없는 일이라 다시 운전면허증을 갱신할 수 있을까 하는 생각에 받아 든 면허증이 최후의 면허증 같아 언제든지 받을 수 있을 때와는 느낌이 다르다.

자동차 메뉴얼에 타이어는 4만km를 주행하거나 4년이 경과하면 교체하는 것이 좋다고 한다. 주행거리가 많지 않았지만 4년이 지나 타이어를 교체했다. 타이어를 교체하면서 이미 팔십을 넘었으니 내가 다시 타이어를 교환하는 일이 있을까? 어쩌면 이번이 나의 마지막 타이어 교체가 될 수도 있겠다는 생각이 들었다. 아무렇지도 않은 평범한 일이 나에게는 단순한 의미의 일이 아니었다. 배터리나 엔진 오일을 교체하는 일도 마시막이 될 수 있음을 부인할 수 없고 브레이크 오일 교환은 어쩌면 나에게 다시 기회가 없을 것 같다.

막내로 태어나 어릴 적부터 어른들 따라 깊은 산속의 조상님들의 묘소를 해마다 거의 빠지지 않고 다녔다. 산소 중에는 도로에서 그리 멀지 않은 곳도 있지만 이제는 길도 없는 험한 산을 몇 시간 오르내려야 하는 곳도 두 곳이나 있다. 아들과 조카들은 많이 힘들어한다. 만나 뵌 적 없는 장인 산소에도 삼십 년 이상을 빠지지 않고 벌초를 했었는데 장모님이 돌아가시며 산소가 없어졌다. 해마다 금년이 마지막이 될 것 같아 힘들지만 산소를 찾았고 금년에도 올라보고 못 가면 되돌아오면 된다는 마음으로 다녀왔다. 내가 오를 수 있을 때까지 벌초를 하고 그 후로는 너희들이 알아서 하라고 미리 약속을 했다. 내년을 기약할 수 없는 일이라 내년에도 아버님, 할아버님을 찾아뵙는 벌초의 기회가 주어지면 좋겠다. 지금 하는 일이 다시 허락된다면 다행이지만 지금 하는 이 일이 나에게 마지막이 될 수 있다고 생각되면 허투루 할 수 없고 경건해지고 신중해진다.

며칠 전에 친지 분 중에 최장수 어른이신 금년 96세의 처 종숙모님을 뵙고 왔다. 기동을 제대로 하시지는 못하시지만 나를 알아보고 청력에도 큰 지장이 없으며 정신은 맑고 또렷하셨다. 어쩌면 생전에 찾아뵙는 마지막일 수 있다. 더 뵙는 기회는 내가 없을 수 있고 처 종숙모님이 기회를 주시지 않을 수 있는 일이라 약속이 허락되지 않는 일이 아닌가. 나는 칠남매의 막내다. 유일한 생존자셨던 막내 누님이 얼마 전에 돌아가셨다. 누님을 찾아뵙는 기회가 사라졌다. 어느 날 보니 삼종 간에 내가 최고령자의 자리를 차지하게 되어 집안 어른을 뵈러 갈 일이 사라졌다. 일상의 지극히 사소한 일도 나와 점점 멀어지고 있다.

생전에 어머니가 여자는 시집가서 김장김치 삼십 번이면 일생이 끝이 난다는 말씀을 가끔 하셨다. 인생이 때로는 힘들고 어렵고 긴 것 같지만 낭비하며 허투루 할 수 없으니 최선을 다 하라는 가르침을 예사로 듣고 흘려보냈음을 뒤늦게 후회한다. 어찌 김장뿐이랴. 농부가 일생동안 씨 뿌리고 거두는 일도 따지고 보면 삼사십 번이라고 생각하면 그렇게 지겨워할 일은 아니다.

봄이면 가지가지의 꽃이 피고 가을이면 울긋불긋 화려한 단풍으로 산천을 꾸며 준다고 내년 봄에도 다시 꽃을 보고 단풍을 다시 만날 기회가 나에게 주어질까 생각하면 무심히 지나칠 수 없다. 여름철 시끄럽기까지 한 매미 소리도 내년 여름에 다시 듣는 보장을 누구도 해주지 않으니 귀하고 고맙다.

오래전 친구들과 함께 가을 단풍이 절정을 이루는 설악산 봉정암을 다녀왔다. 오후 늦게 출발하여 쌀쌀한 밤하늘의 무더기로 쏟아지는 별을 보면서 늦은 밤 산길을 오르며 다시 한번 더 오기로 약속했다. 그러나 그 약속은 지금까지 지켜지지 않았다. 앞으로도 지켜질 가능성이 거의 없다. 장담할 수 없지만 함께 한 친구들 몇몇이 건강에 이상이 생겨 그 때의 약속은 결국 지킬 수 없는 약속이 되어 가고 있다.

언제나 지니고 있을 줄 알았고 오십 년 가까이 지니고 다니던 명함이 어느 날 갑자기 내 지갑에서 사라졌다. 새로운 만남 앞에서 나를 어떻게 설명할지 무척 당황스러웠다. 그리고 상대방에게 "저는 명함이 없습니다"라는 말이 그렇게 부자연스러울 수가 없었다.

늙어 간다는 것은 기회가 없어진다는 의미이다. 늙었다는 것은 만날 사람이 줄어들었다는 뜻이다. 늙었다는 것은 스스로 할 수 있는 일이 사라지고 있다는 뜻이다. 늙는다는 것은 다른 사람과는 물론 나 자신과도 약속을 허락받지 못한다. 늙는다는 것은 약속을 하고 약속을 지킬 기회를 보장받지 못한다.

누구에게 던지는 모진 말에 용서를 구할 기회는 세월이 보장해 주지 않는다. 지금 할 수 있는 일마저 나를 떠나가기 전에 더 진지하게 더 고마워하며 더 사랑하며 아픔조차도 보듬고 싶다. 오늘 내가 하는 평범한 일들이 마지막이라는 마음으로, 누구에게도 상처 주지 않고 귀찮아하지 않고 정성으로 주어진 일에 최선을 다하고 싶다.

체면體面 2

체면은 자기가 들고 다니는 거울이다. 체면의 거울에는 자기가 나타난다. 이 거울은 주인의 말을 고분고분 듣는 만만한 거울이 아니다. 숨겨도 나타나고 보여 주고 싶어도 없는 사실은 나타나지 않는다. 위장해도 실체가 곧 드러난다. 체면은 남들이 나를 들여다보는 창이다. 부끄러움을 모르면 체면의 거울은 용도를 잃는다. 거짓과 위선으로 체면을 꾸며도 불량으로 이루어진 체면은 실망감만 준다. 체면의 거울을 훌륭하게 꾸미는 것은 전적으로 주인의 책임이다. 지위가 높고 클수록 거울 면도 커지고 더 많이 비쳐 간수하기가 힘이 든다. 크면 클수록 더 많이 더 자세히 나타나므로 더 많은 주의가 필요하다.

짐승은 체면이 없다. 사람이 체면을 모르고 없다면 금수와 다르지 않다. 꼭 지켜야 할 체면을 지키지 않으면 사람 대접을 받지 못한다. 사람들은 나름대로 지킬 것과 안 지킬 체면의 기준을 두고 살아간다. 이 기준을 지키는 일들이 살아가는 과정이다. 반면 체면을 구겼을 때는 허탈감과 갈등을 겪기도 한다.

우아하고 당당한 체면을 지니고 싶어 한다. 훌륭한 체면을 지닌다는 것은 엄청난 노력과 인내를 필요로 한다. 성실함과 노력 없이 체면을 세우려다가는 망신살이 뻗쳐 체면 없는 사람이 된다. 체면은 세우기도 힘들지만 지키기도 어렵다. 사람 대접을 받으려면 응분의 체면 유지 노력을 해야 한다. 체면을 모르거나 지켜야 할 체면을 잃어버리면 기피의 대상이 된다.

자존심과 체면은 비슷한 것 같지만 꼭 그렇지도 않다. 자존심은 독자적 판단으로 하는 스스로의 평가라면 체면은 자신을 포함한 다른 사람들의 평가까지 따른다. 체면 때문에 목숨을 걸기도 한다. 체면 따위를 헌신짝 버리듯 하는 사람도 있다. 체면에 대한 온도 차이가 이렇게 크다 보니 기준도 사람에 따라 너무 다르다. 체면은 법 이전의 문제이니 시비를 하면 체면 없는 사람이 되기도 한다.

지켜야 할 체면과 지키지 않아도 되는 체면이 사람마다 달라 경계가 어렵고 애매하다. 체면을 지키려다 욕을 먹기도 하고 체면을 모른다고 야단을 맞기도 한다. 기준이나 잣대가 사람마다 다르고 시대나 지역에 따라 너무 다르다. 얼어 죽어도 짚불을 쬐지 않는다는 옛날 양반의 체면은 허례허식이라지만 시대에 따라 체면의 기준은 바뀌기도 한다. 물에 빠져 위급한데도 체면 때문에 개헤엄은 칠 수 없다면 그야말로 앞뒤가 맞지 않은 껍데기 체면이다.

체면 때문에 해야 하고 체면 때문에 하지 못하는 일이 너무 많다. 유불리가 체면을 지키고 안 지키는 기준이 되어서는 체면 없는 사람이 된다. 쉬우면 지키고 어려우면 피한다면 대접받기 어렵다. 체면이 밥 먹여 주지 않는다고 체면 따위에는 전혀 무관심하고, 실속만 챙길 수 있다면 체면쯤은 개의치 않는 사람도 많다. 잇속만 챙길 수 있다면 체면 따위야 헌신짝 버리듯 하는 사람이 너무 많다 보니 체면 지키려다 혼자 바보 취급을 당하기도 한다. 실속을 챙기다 체면을 잃으면 실속 챙길 기회는 점점 줄어들어 끝내 챙긴 실속마저 누리지 못할 수 있다. 체면을 지나치게 챙기려다 자신을 잃기도 하지만 체면을 개의치 않으면 사람 구실을 못 하고, 없는 체면과 이미 잃어버린 체면에 미련을 버리지 못하고 억지로 챙기려다 체면은 고사하고 자신도 잃을 수 있다. 체면을 지나치게 챙기려다가는 껍데기만 남고 누구에게도 도움도 안 되는 체면은 체면이 아니다.

꼭 지켜야 할 체면은 있다. 지키지 않아도 별문제가 안 되는 체면이라고 왜 없겠는가. 지키려는 체면이 자신은 물론 다른 사람에게 불편을 주거나 피해를 준다면 지나친 체면이다. 체면은 가만히 있다고 저절로 생기지는 않는다. 나무를 정성 들여 심고 돌보아야 아름다운 꽃과 열매를 볼 수 있듯이 체면도 돌보고 가꾼 노력의 결실이다. 내가 지키려고 하는 체면이 내 개인에 국한된다면 스스로 알아서 할 문제이다. 그러나 다른 사람은 아무 관심도 없는데 지나치게 체면에 예민하다면 자신을 괴롭히는 일이다. 체면을 지키기 위해 감당하기 어려운 한계까지 요구하는 것은 얻는 것보다 잃는 것이 더 많다.

체면을 구기는 경우는 지켜야 할 체면을 지키지 않거나 지키려는 체면이 지나쳐서 비난을 받거나 인간관계가 끊어지는 일이다. 지켜야 할 체면을 지키지 않으면 비난을 피할 수도 없고 기피를 면할 길이 없다. 체면과 염치, 무례는 이웃사촌이다. 염치가 있고 무례하지 않으면 좋은 이웃이고 무례하고 염치조차 없다면 앙숙이 된다. 사람은 한꺼번에 무너지지 않는다. 체면이 없으면 인품도 사람도 무너진다. 체면을 지켜 기분이 유쾌 통쾌 상쾌하다면 제대로 된 체면이다. 체면은 세웠지만 뒷맛이 찜찜하고 씁쓰레하다면 절반의 체면이다. 실속도 놓치고 비난이 따르면 최악의 체면이다.

체면은 개인만의 문제는 아니다. 단체도 국가도 지켜야 할 체면은 있다. 가족으로써의 체면, 집단의 체면이 있고 공인은 체면으로 품위를 지켜야 한다. 이런 체면은 상대방이 애써서 챙겨주는 일은 드물다. 스스로 체면을 유지해야 한다. 나 자신이 세우지 않는 체면을 남이 챙겨주지도 않지만 챙겨주기를 기다리는 것은 무모하다.

체면은 군인의 무장 같아서 내공도 갖추어야 체면이 선다. 체면을 지키려 할 때 상대방도 주의를 기울이지만 스스로 체면을 무너뜨린다면 체면은 세울 수가 없다. 순간은 넘긴다 해도 양심은 멍이 들어 톡톡히 대가를 치러야 한다. 체면을 구기고 망신을 당했다고 느끼는 순간 사람들은 이성을 잃는다. 그만큼 체면을 유지하고 지키는 데 힘을 쏟는다. 체면이 사라진 세상은 두렵다. 불편해도 남의 체면을 존중하고 자기도 무시당하지 않을 체면을 지녀야 한다. 갈등을 피하고 스스로를 위해서도 상대방의 체면을 지켜주어야 한다. 상대방의 체면에 먹칠을 하면 내 체면이 온전할 수가 없다. 자기 체면 못지않게 상대방의 체면도 소중하다.

자기 체면이 소중하다고 남의 체면을 함부로 짓밟는 체면 없는 사람과는 두 번 다시 만나고 싶지 않다. 누구의 관심을 받지 못해도 어디에 있든 최선을 다하는 야생화처럼 내 몫을 다해 소박한 체면이나마 지니고 싶다. 비굴하지도 무례하지 않아 다른 사람의 체면을 지켜주고 나의 체면도 지키고 싶다.

못 고치는 병

돌아보면 부끄러운 일도 많고 딱하고 한심하며 못난 짓들이 너무 많다. 하루에도 많은 잘못을 저지른다. 대수롭지 않다고 생각해 고의도 있고 부주의나 잘못해 일어나기도 한다. 고의는 아니라 해도 상식이 없거나 방법이나 규정을 몰라서 일을 그르치기도 한다. 잘한다고 한 짓이 엉뚱하게도 잘못을 낳기도 한다. 잘못인 줄도 모르는 사이 부끄러운 결과가 되기도 한다. 같은 잘못을 반복하는 일도 많다.

그중에서도 가장 못나고 뒷맛이 씁쓰레한 것은 남과 어울려 맞장구치며 남의 허물을 비방 비난하고 흉보는 짓이다. 그 사람이 빠진 자리에서 그를 비난하는데 함께 열을 올리고 있는 나에게 정말 화가 난다. 흉보는 일은 혼자가 아니고 작당해서 벌리는 것이 대부분이다. 그러다보니 나 혼자만이 아니고 공동의 책임이라는 생각이 잘못되는 원인이다. 남에게 준 피해가 법적 책임까지는 아니라 해도 당사자에게는 많은 상처를 주고 뒷맛은 정말 형벌 이상이다.

자리에 없는 사람의 흉을 볼 때는 함께한 사람들 중에 누구라도 부당함을 경고해야 하지만 분위기에 취해 손발이 잘도 맞는다. 누가 더 약점을 찾고 흉을 많이 보고 자극적이고 더 신랄하게 허물을 들춰내나 경쟁을 한다. 험담을 할 때는 모두가 마치 별세상 사람이 된다. 가장 인간적인 듯 남을 흉보는 일이 법정의 판사라도 된 기분이다. 앞장서 흉을 보거나 흉보는 사람들과 맞장구를 치는 동안은 내 허물은 까맣게 잊어버린다. 남의 흠이 하나라면 내 흉은 열 개라는 속담은 까마득히 잊어버린다. 뭐 묻은 개가 겨 묻은 것을 탓하는 꼴이다. 흠투성이면서 남의 흉을 본다는 것은 더 없이 나를 비참하게 만든다는 것을 그 순간은 까맣게 잊어버린다. 당사자에게 잘못을 말해주는 용기도 없는 나 같은 못난이들이 남의 흉을 보고 험담을 한다. 나의 부족함이 사실이라 해도 그 모자람에 대해 쑥덕공론의 대상이 되었을 때의 기분을 생각한다면 삼가야 한다.

비판과 흉보기는 차이가 있다. 비판은 올바른 길을 가기 위해서 비평하고 판단하게 하는 긍정적인 기능이 있다. 비판과 흉보기는 차원이 다르다. 비판은 공공의 기준에 적합 또는 부적합함을 따지는 일이다. 흉보기는 특정인의 사생활에 대하여 개개인의 잣대가 기준이다. 법 이전에 인품과 존엄의 문제임에도 지극히 개인적인 기분과 기준에 따라 허물을 잡는다. 흉을 보는 대상과 차라리 이해가 얽혀 있다면 조금은 인간적일 수 있지만 득실도 없는데 단지 내 취향이 아니라서, 아니면 내 기분에 들지 않는다는 이유나 자기의 불만 해소의 기회로 삼는다.

흉이라고 해도 그 사람의 개성일 수도 있고 장점일 수도 있다. 흉보는 사람의 함량 미달인 기준에 맞지 않은 것 때문에 성토의 대상이 되는 것은 억울하다. 인격적 모독까지 할 자격을 가진 사람은 아무도 없다. 공적으로 문제 되지 않는 지극히 개인의 사생활에 관한 것을 문제 삼는다는 것은 인격적 살인 행위이다.

흉을 본다는 것은 일종의 마약인지도 모른다. 중독의 우려도 있다. 흉보는 순간은 까맣게 잊고 있지만 뒤끝은 늘 부끄럽고 한심해진다. 불가피한 일도 아니고 얼마든지 피할 수 있고 안 할 수 있고 마땅히 안 해야 하는 일에 앞장서거나 맞장구를 친 뒷맛은 소태보다 쓰다. 혀를 잘라 버리고 싶을 때도 있다. 얼굴은 불에 데인 듯 뜨겁다. 자신을 더 이상 비참해 질 수 없는 곳까지 추락시킨다. 면전에서 이야기할 만큼의 타당성도 없고 용기도 없다면 흉보는 일에서는 빠져야 한다. 흉을 보고도 다시 어울린다면 비겁한 일이고 얼마나 못난 일인가. 흉보기에 어울려 특정인을 매도하다 보면 피차간에 앙금으로 남는다.

돌아보면 못나고 부끄러운 일이 너무 많다. 가슴에 담아 두거나 영영 잊어버려야 할 일을 흉보기에 침이 마르도록 떠든 후에야 아차 정신을 차리지만 물은 이미 엎질러지고 내뱉은 말은 시위를 떠난 화살이 되어 상대방이 아니라 내 심장을 아프게 파고든다. 내 얼굴에 먹칠을 하고 가슴에 상처로 남는다. 상대방에게 피를 뿜으려면 내 입에 먼저 피를 묻히지 않고는 불가능한 일이다. 내 꼴이 얼마나 추한가. 흉보기에 열을 올린 뒤끝은 가장 못난 내 모습과 가장 싫은 나를 만나는 날이다. 원점으로 되돌릴 수도 없으니 참으로 딱한 노릇이다. 같은 부끄러움을 되풀이 하고 있는 내가 정말 밉고 싫다. 잘못을 할 때는 분위기에 취해 내 모습을 잃고 있다가 번쩍 정신이 들었을 때 남는 것은 아픔이다.

그 사람의 면전에 하는 것이 아니라 돌아서서 그 사람이 없는 곳에서 험담을 하는 것은 병이다. 앞으로도 계속 만나야 할 관계라면 조용히 의견을 전달하든지 그렇지 않으면 상종을 하지 않을 일이지 면전에서는 아무 말도 못하고 돌아서서 비난의 화살을 쏘아대는 못난 일을 저지르는 내 모습이 미운 것을 넘어 화가 난다. 오물을 자청해서 뒤집어쓴 느낌이다. 다시는 되풀이 하지 말아야지 하고 수 없이 다짐을 하지만 같은 잘못을 반복하고 있으니 구제 불능인가. 유능하지도 끈기도 노력도 부족한 내가 측은하지만 흉보는 일에 끼어드는 병이 있다는 게 싫고 아프다. 난치병인지 불치병인지 알 수 없지만 이 고질병을 언제까지 앓아야 하는지 어떻게 고쳐야 할지 난감할 뿐이다.

기회를 잃는다는 것

얼마 전에 타고 다니는 자동차의 타이어를 갈았다. 주행거리는 4만km에 못 미쳐 외관상 마모는 심하지는 않았지만 자동차를 취득한 지가 6년이 넘었기 때문이다. 타이어의 안전 수칙을 따르기로 했다. 교체 작업을 지켜보면서 내가 다시는 이 차의 타이어를 갈 일이 없겠다는 생각이 들었다. 타이어를 갈아야겠다고 마음먹었을 때까지는 별생각 없이 일상으로 일어나는 일이라고 여겼는데 내가 다시 할 수 없거나 할 필요가 없는 일이 될 수 있다는 생각에 그동안 함께해 온 타이어도 무심해 보이지 않았고 교체하는 내내 먹먹했다. 단정할 수는 없지만 앞으로 새 차를 구입하고 타이어를 교체하는 기회가 나에게 주어질 것 같지는 않다.

주행거리가 갑자기 늘어날 일도 없을 테고 현재대로 이용한다면 팔십 중반을 넘을 테니 그 나이가 될 때까지 운전을 할 만큼 내 건강을 유지한다는 보장도 없다. 요즘 들어 노인 운전자들이 많아지고 빈번한 노인 교통사고가 사회문제가 되고 있어 노인인 내가 운전을 하다 보면 잘못을 저지르는 기분이 들어 운전 기회를 가급적 줄이고 있다.

자동차 운전 면허증도 2024년 말까지 적성검사를 다시 받아야 한다. 적성검사를 받는 문제는 신중히 생각해 볼 일이다. 나이가 많으면 적성검사 기간도 많이 줄어든다. 운동하러 갈 때 필요해서 자동차를 가지고 있지만 그렇지 않다면 지금 당장 차를 없애도 문제는 없기 때문이다.

소지하고 있는 여권의 유효기간은 2025년까지이다. 여권을 갱신할 때는 아무 생각이 없었는데 금년 봄 잠깐 외국 여행을 가면서 살펴본 여권의 유효일자는 단순한 숫자 이상의 의미로 다가왔다. 다시는 여권 발급을 받기 위해 관공서를 찾는 일이 없을 것 같다는 생각에 또 하나의 기회가 사라져 가고 있음을 실감하지 않을 수 없다. 그때까지 살아 있다는 보장도 없지만 살아 있다 해도 외국으로 여행을 다니기에는 적절한 나이가 아니기 때문이다.

어릴 때부터 어른들을 따라 해마다 거의 거르지 않고 선산에 벌초를 다녔다. 앞으로 몇 년이나 나에게 벌초의 기회가 주어질지는 나는 알지 못한다. 작년에 다녀온 것이 마지막일지 금년이 마지막일지는 모르지만 확실한 것은 내 의지와는 상관없이 그동안 해온 벌초를 할 기회도 멀어지고 잃게 된다는 점이다.

언제부터인가 누굴 만나거나 어디를 가거나 물건을 구입해도 다시 만나고 또다시 찾아가며 내 생애에 다시 구입하는 일이 있을까 하는 생각이 든다. 알 수는 없지만 누군가와 전화 통화가 그와의 생전 마지막 통화인 경우도 있을 수 있다. 지금 만나고 있지만 다시 만날 기회가 주어지지 않는다 해도 어찌 알겠는가. 지금 같이 식사를 하고 있는 이 자리가 서로의 의지와는 상관없이 어느 한쪽이 떠나면 최후의 식사이고 이별이 아닌가. 며칠 전까지 서로 영원한 이별이라고는 상상도 못 하고 웃으며 헤어진 친지나 친구의 부음을 갑자기 받을 때면 좀 더 친절하게 조금이라도 따뜻하게 손을 잡아 주지 못한 것이 너무 후회스럽다. 기회는 원한다고 언제나 누구에게나 주어지지 않는다는 사실을 절감한다.

젊다는 것은 젊은 만큼 많은 기회가 주어지고 나이가 많으면 상대적으로 주어지는 기회가 그만큼 줄어든다. 상대가 나에게 기회를 주지 않을 수도 있지만 내가 원하지 않아도 어쩔 수 없이 상대방에게 기회를 주지 못할 수 있다. 만나는 기회, 베푸는 기회, 상대를 화나지 않게 하는 기회, 상대방을 웃게 하는 기회는 알 수는 없지만 누구에게나 언제든지 주어지지 않는다는 사실을 기회가 줄어들자 실감이 된다. 내가 행하는 극히 작은 일이라 해도 이 세상에서 그와 행하는 나의 마지막 일이라고 생각이 들면 소홀할 일이 어디 있겠는가.

주말이면 어김없이 인근 산을 오르던 친구들이 요즘은 갈매길 해파랑길이나 올레길의 평지 길이 고작이고 이 길마저 걷기 힘들다며 걷는 기회를 잃어버리는 친구들이 늘고 있다. 누구나 할 수 있는 평범한 일상이더라도 스스로 능력이 모자라면 참여의 기회도 잃는다. 나에게 기회가 사라짐을 아쉬워하는 것은 대단한 일을 할 기회를 말함이 아니다. 평범하게 누려왔던 일상에서 하나둘 멀어지는 것이다.

날이 갈수록 나에게 남아 있는 참여의 기회는 내 의지와는 상관없이 급격히 떠나가고 사라지리라. 그래도 내가 한 말과 행동으로 멍울지고 가시 박힌 상처를 입은 이에게 진정으로 사과하고 용서를 비는 기회만은 잃지 않기를 바란다.

늙는다는 것이 지극히 평범한 일에서 하나둘 멀어지고, 할 필요가 없어지고, 기회를 잃는 의미임을 너무 늦게 알게 되어 부끄러울 뿐이다.

노인의 자리

우리나라의 평균수명이 불과 1세기 전만 해도 40세 정도였다고 한다. 지금은 80세에 가까우니 짧은 기간에 엄청난 수명연장이 이루어졌다. 이런 추세대로면 앞으로 백 년 후면 평균수명이 100세가 될 것이라고 한다. 예상대로라면 65세 이상의 노인 인구가 2040년에는 32.3%가 넘는 초고령화 시대가 될 것이라고 한다. 장수는 인간이 바라는 바이지만 고통과 질병이 없는 축복의 노령이어야지 무시 받는 단순한 생명의 연장만은 바람직하지는 않다.

평균수명이 40세 정도일 때 환갑이나 그 이상 수명을 누린다는 것은 귀하고 축복이었다. 다른 사람들이 경험하지 못한 많은 것들을 직접 경험으로 얻은 지혜와 지식을 사람들에게 나눠주고 전할 수 있어 나이가 많은 분은 자연스럽게 존경을 받을 수 있었다. 희소하면 가치가 상승하는 것은 자연의 법칙이다. 경험이 풍부한 노인이 지식과 지혜를 많이 지니고 있다면 희소가치와 존경은 자연스럽게 따라온다.

젊은이가 노인을 찾아가 지혜와 지식을 구할 필요가 더 이상 없어지고 힘들이지 않아도 의문을 쉽게 풀 수 있다면 노인을 찾아가기보다는 쉬운 길을 택할 것이고 불편을 느끼지 않으니 굳이 찾아가지 않게 되고 노인의 가치와 힘이 약해지고 만다.

요즘 젊은이들이 어른을 대하는 것이 과거와 다르고 버릇도 없으니 한심한 노릇이라고 노인들 입장에서 나무랄 일이 아니다. 안타깝고 억울하고 섭섭한 일이지만 시대가 달라지고 노인을 찾지 않아도 별로 아쉽고 불편하지 않은 사회적 구조가 되었음을 인정해야 한다. 노인을 존경하라는 교육은 존경해야 할 절실한 사연이 있을 때 확실한 효과를 기대할 수 있지 사회적 약자를 보호하자는 이유나 젊은 시절 국가와 사회를 위한 노력을 높이 사야 한다는 명분만으로는 노인 존경을 기대하기에는 미약하다. 분명 교육만으로는 한계가 있어 억울하다 해도 사회는 수요와 공급을 통하여 필요하면 개발하고 넘치면 넘치는 만큼 도태되는 것이 불변의 진리다. 이것이 비단 물품뿐만 아니고 사상이나 교육도 피할 수 없는 일이다. 노인의 자리도 역시 언제나 나이가 많다는 이유만으로 대우받고 존경받기를 원한다면 현실을 무시한 일방적인 주장일 뿐이다.

과거에는 젊은이가 경험이 많은 노인을 찾아가 머리를 조아리며 삶의 지혜 한 수를 지도해 주기를 간절히 바랐고 그 힘으로 자기의 지표를 찾기도 했다. 그러나 기록문화가 체계적으로 발전하고 결정적으로 인터넷 발달로 존경받는 노인의 위치는 너무 쉽게 위협받게 되었다. 노인이나 경험 많은 사람에게 묻는 것보다 인터넷이 훨씬 용이하기 때문이다. 워낙 정보가 대량으로 공급되기도 하고 노인에게 묻지 않아도 들고 다니는 스마트폰이나 노트북으로 궁금한 것은 쉽게 해결할 수 있는데 노인에게 머리를 조아리기를 바란다는 것은 무리한 일이다. 노인이 지닌 지식이나 지혜가 대단하다고 주장하기에는 사방에 넘치는 정보가 너무 많아 노인의 자리는 옛날의 노인들이 존경받는 시대처럼 돌아가기는 어렵다.

지금은 안타깝게도 노인이 젊은이에게 더 많이 물어야 하는 시대가 되었다. 실생활에서 젊은이가 노인에게 문의하는 양보다 노인이 젊은이에게 도움을 청하는 경우가 훨씬 더 많을 시대가 되고 보니 도움을 청하고 도움을 받는 쪽이 훨씬 불리한 것은 두말할 필요가 없다.

노인은 젊은이들이 제대로 대접해 주지 않는다고 불만을 하기 전에 스스로 할 수 있는 일을 젊은이에게 전가해서는 안 된다. 사회적 책임을 다할 때 노인의 자리를 지킬 수 있다. 나이가 들었으니 이만한 무례 정도는 눈감아 주겠지 하며 젊은이들의 눈살 찌푸리는 일은 하지 말아야 한다. 자리를 제대로 지키는 방법은 젊은이에게 작은 힘이라도 보태는 것이다. 능력을 갖추거나 능력에 맞게 자기 몫을 해야 한다. 내의를 두고도 입지 않고 춥다고 난방을 요구하기보다 있는 내의부터 입어야 한다. 손을 놓고 기다리면서 노인복지정책이 부족하다고 더 많은 것을 요구한다면 젊은이들은 무거운 짐을 좋아할 리 있겠는가.

단순히 나이를 기준으로 젊은이들로부터 양보를 받을 수 있는 것은 아니다. 스스로 할 수 있는 일을 젊은이에게 미루거나 해주기를 강요한다면 노인의 자리는 점점 좁아지고 결국 노인의 자리는 없어질지도 모를 일이다. 노인이 감당할 수 있는 것도 노인이라는 것을 내세워 젊은이에게 짐을 지운다면 젊은이들이 좋아할 리 없다. 노인 스스로 감당할 수 있는 만큼은 스스로 해결할 것을 각오해야 한다. 노인의 수가 많지 않을 때와는 사정이 너무 다르다. 셋 중 한 사람이 노인인 시대가 도래하는데 나머지 두 사람이 짊어져야 할 짐이 너무 버거우면 기쁜 마음으로 노인에게 다가올 리가 만무하다.

노인들이 젊은 시절 국가와 자식들을 위해 힘들게 희생하였으니 충분한 노인 대우를 받아야 한다고 주장한다면 틀린 말은 아니라고 해도 오늘날의 젊은이라고 과거의 노인들만큼 힘들지 않다고 젊은이들을 설득할 수 있겠는가. 자기 스스로 할 수 있는 일을 젊은이들에게 지우려 한다면 노인의 자리는 점점 좁아지고 힘들지 않을 수 없다. 육체적으로 정신적으로 스스로 해결할 수 없는 경우는 불가피하겠지만 젊은이의 짐을 줄여주려는 노력을 하는 것이 노인의 자리를 지키는 최선의 길이다. 노인이라는 이유로 무례한 행동도 서슴지 않고 일방적으로 존경을 요구한다면 고령화 시대의 노인은 설 자리가 없다.

농바위

끝없이 펼쳐 진 동해를 바라보며 잘 다듬어진 이기대 해안 길을 걸으면 장자산의 푸른 숲과 바닷바람이 가슴속까지 시원하게 해주는 절경을 만난다. 해안 길 중간 지점쯤에서 자연이 빚어놓은 멋진 돌 조각상도 만날 수 있다. 돌 조각상은 험한 낭떠러지 위라 가까이 다가가는 것을 허락하지 않는다. 험하고 가까이할 수 없는 거리가 신비감을 더한다. 사람의 능력으로는 이루기 어려운 걸작을 자연은 절벽 위에 빚어 놓았다.

이 〈농바위〉를 바라보는 곳에 부산 남구청에서 안내판을 세워 놓았다. 안내판에 따르면 '농'이라는 것은 버들채나 싸리 따위로 함처럼 만들어 종이를 바른 궤를 포개어 놓도록 된 가구를 뜻한다고 한다. 제주의 성산포 해녀들이 부산 남천동 해안가에 자리를 잡고 물질을 하면서 살게 되었고, 이기대와 백운포 해안가의 특정 바위에 이름을 붙여 서로 위치를 연락하는 수단으로 삼았는데 농을 닮은 이 바위를 농바위로 불러왔다는 설이 있다. 한편 2001년 발간된 〈남구의 민속과 문화〉에는 부처가 아기를 가슴에 안고 있는 듯한 모습으로 지나가는 배들의 무사 안녕을 기원하는 돌부처상 바위라고 기록하고 있다.

보통 안내판에 적힌 대로 〈농바위〉라 부르지만 아무리 봐도 내 눈에는 농으로 보이지 않는다. 돌부처로도 보이지도 않는다. 보면 볼수록 인자하신 어머니 모습이다. 어떻게 보고 무엇을 가슴에 담는가는 보는 이의 몫이지만 저절로 나오는 감탄만은 어쩔 수 없다. 멋진 바위상을 바라볼 수 있는 곳은 오륙도와 누리마루를 배경하는 두 방향이다. 두 곳 모두 측면이다. 정면은 바다 쪽이라 접근이 쉽지 않다. 뒷모습은 절벽 밑이라 무심히 걷다 보면 지나치기 쉽다. 정면이나 뒷모습은 쉽게 볼 수 없는 위치이다. 다가가고 싶어도 가까이 다가갈 수 없는 거리가 나그네 발길을 오래 멈추게 한다.

농이라기보다는 여인상이고 여인 중에서도 따뜻하신 어머니의 모습이다. 깎아지른 절벽 위 단단하고 높다란 좌대 위에 다소곳이 먼 바다를 바라보며 서 계신다. 머리에는 함지박 같기도 하고 보따리 같은 짐을 이고 계신다. 머리는 쪽을 찌었다. 두 손은 다소곳이 앞으로 모으셨다. 등에는 어린 아기를 업고 있는 듯하다. 먼바다를 하염없이 바라보는 모습이 아름답다. 절묘한 균형감이 오금을 절이게 한다. 머리에 이고 있는 짐과 얼굴 부위와

몸통이 한 덩어리가 아니다. 각각 분리된 바위가 아슬아슬하게 균형을 잡고 있다. 금방이라도 바다 쪽으로 윗부분이 떨어질 것 같이 위태위태하다. 머리 부분은 절반만 몸통 위에 얹혀 있고 턱을 자연스럽게 내밀고 있다. 각각의 돌이면서 도대체 어떤 힘으로 저토록 균형을 유지하고 있을까 신기하고 놀랍기만 하다. 손가락만 살짝 갖다 대어도 넘어질 듯 하지만 억겁의 풍상을 당당하게 이겨내고 여전히 자리를 지키고 서 있지 않은가.

거침없이 불어오는 바람과 거친 파도가 쉴 새 없이 이어지는 곳에서 저토록 아름답고 늠름한 자태를 숱한 세월 동안 유지하고 있는 것이 신기하기만 하다. 먼 곳을 묵묵히 응시하면서 기도하듯 서 있는 여인상은 무엇을 소망하고 있을까? 고기잡이를 나간 지아비의 무사와 만선을 기대할까? 아니면 가난과 시집살이의 외로움과 고단함을 하소연하고 있을까? 친정의 늙으신 부모와 어린 동생들을 그리워할까. 나그네의 소망까지도 들어줄 것만 같은 부드럽고 인자한 모습이다. 농바위를 바라보며 자연의 오묘한 조화에 고개가 숙여진다. 절벽에 부딪치는 천년의 파도소리에 안겨 가슴 가득 여유를 얻은 길손들은 어느새 푸른 바다 위의 한 마리 갈매기가 되어 본다.

하루살이풀(달개비)

봄꽃들의 화려한 축제가 끝나고 본격적인 무더위가 시작되는 6월이면 들길이나 산길 어디에서나 수줍게 고개를 내미는 달개비꽃을 만난다. 매화 같은 그윽함이나 난의 우아한 자태는 물론 아니다. 소나무나 대나무의 굳건함과는 거리가 먼, 너무 흔해 이름마저 기억해 주는 이 없는 닭의장풀이다. 흔히 달개비라 부르고 누구는 하루살이라고도 한다. 당뇨에 좋다는 이야기는 있지만 약용으로 유명하지도 못하고 식용도 아니다. 달개비라 불러주는 이도 드물고 흔하고 흔한 풀이라 이름마저 잊혀 지낸다.

세상에 이름 없는 것은 없다. 당연히 필요 없는 것도 없다. 필요 없다는 것은 아직 용도를 모를 뿐이다. 이름 때문에 지나친 대접을 받기도 한다. 이름 탓으로 본의 아닌 억울한 취급을 받는다. 불로초는 이름 때문에 사람들이 동경하고 귀한 대접을 받지만 이름만 있는 풀이 아니던가. 하루살이는 매우 생명이 짧아 겨우 하루 정도 사는 곤충이다. 이름 때문에 불쌍한 곤충으로 대접받지만 누구의 동정은 바라지 않고 당당하고 떳떳하게 살아가는 곤충이다. 이름 때문에 지나친 관심을 받는 것도 없어야 하지만 이름 탓으로 본의 아니게 전혀 엉뚱한 취급을 받는 것은 옳은 일은 아니다.

꽃의 수명이 짧아 이름조차 하루살이가 되었는지는 몰라도 달개비는 악조건에서 끈질기게 뿌리를 뻗고 자라는 생명력 강한 식물이다. 닭장 모퉁이에 흔히 볼 수 있어 닭의장풀이라고도 한다. 중국의 시인 두보가 닭장 옆에서 피어나는 꽃이 너무 아름다워 붙여준 이름이라고도 하는데 이름처럼 하루만 살다가는 풀이 아닌데도 꽃말까지 아쉽기만 하다. 자세히 들여다보면 빛깔도 너무 곱고 사랑스럽다.

달개비는 너무도 흔하게 볼 수 있는 풀이다. 습기가 있는 곳이면 쉽게 뿌리를 내리는 한해살이풀이다. 꽃도 갓난아기 손톱만큼 너무 작다. 꽃은 위로 뻗은 파란 하늘색 꽃잎 두 개와 아래로 향한 파란 색 보다 더 작은 하얀 꽃잎 하나다. 너무 흔해 사람들의 관심을 받지 못한다. 꽃잎 하나하나의 생명은 무척 짧지만 계속 피어 뜨거운 여름 내내 자기의 할 일을 조금도 소홀히 하지 않음을 꽃으로 말한다. 작지만 혼신의 힘을 다해 아름답게 가꾸어 자기 몫을 다하는 것이 어떠한가를 보여 준다. 원예작물도 아니고 사람들의 먹거리도 아니기에 관심의 대상이 되지 못해 거름을 주는 것도 아니고 귀한 대접을 바라는 꽃은 아니지만 달개비는 섭섭해하지 않는다.

화려하고 꿀과 향기만 지닌 꽃으로 이루어진 세상은 아니다. 세상이 모두 거목만으로 이루어져 있지는 않다. 대소가 우열의 기준은 아니다. 자기에게 주어진 삶을 충실히 하는 자기만의 삶이 작은 풀에게도 있다.

달개비는 자기의 삶과 영혼도 없이 남의 흉내만 내는 슬픈 허수아비처럼 살아가는 우리들에게 어떻게 살아야 하는가를 작은 몸으로 보여 주고 있다. 수 많은 꽃들이 화려한 빛깔과 그윽한 향기로 사람들의 사랑을 독차지해도 달개비는 부러워하지도 시기도 않는다. 게으르지 않아 꽃을 거르지 않고 시기를 늦추는 잔꾀도 없다. 볼품없다고 부끄러워하지도 않고 거름을 달라는 앙탈도, 붙잡는 가시도 없다. 비 오고 바람 불면 엎드렸다가 그치면 조용히 일어난다. 어떤 대가를 바라지 않고 음지나 양지를 가리지 않는다.

길가에서 사람들의 발길에 밟히기도 하고 아니면 외진 곳이라 사람들의 눈길조차 한번 받지 못해도 때가 되면 순을 틔우고 언제나 환하게 웃는다. 어떤 대가를 원하지도 않고 게으름을 부리지도 않는다. 화려한 꽃들을 부러워도 않는다. 못났다고 부끄러워하지 않는다. 주어진 자기 몫을 조금도 소홀히 하지 않고 남을 탓하지 않으며 좋은 자리가 아니라고 불평도 없다. 달개비는 묵묵히 자기의 할 일만 한다. 하찮은 잡초라고 가볍게 여길 이름이 아니다.

우리는 조그마한 성과에도 생색내기에 바쁘다. 조그마한 공을 알아주지 않는다고 불평을 한다. 실제 노력의 열 배, 스무 배로 부풀리기도 한다. 자기의 일을 성실히 하는 것 이상으로 중요한 것은 없다. 분수도 모르고 부끄러운 줄 모르고 떠드는 사람들이 달개비를 알기나 하랴. 무리한 일을 저지를 것이 아니라 따뜻한 눈길 받지는 못해도 자기의 일을 묵묵히 실행하는 달개비 같은 삶을 살아가는 것이 진정한 자기 사랑이다. 당당하고 떳떳해야 한다. 달개비가 어디에서 누구에게도 부끄러워하지 않듯이 어디에서나 자기의 몫을 다하는 사람이라면 주눅들 일이 아니다. 누구에게도 부끄러운 일이 아님은 물론 스스로 부끄러워하지 않아야 한다.

하는 일이 아무리 작아도 소홀하지 않고 자기 일에 최선을 다하는 것이 진정 아름다움이다. 주어진 일에 당당하고 떳떳하다면 세월호 같은 대형 참사도 있을 수 없고 유병언 같은 최후도 없다. 숱한 지난날은 그만두고라도 오늘만이라도 달개비에 부끄럽지 않은 나를 만나고 싶다.

노인복지관

노인복지관에 다닌다고 하면 참 안됐다는 표정으로 쳐다보는 사람이 의외로 많다. 나이가 들면 젊은 혈기를 받을 일이지 기 빠진 노인들만 모이는 곳으로 찾아 들어가 남아 있는 기마저 소진할 일이 아니란다. 늙을수록 대접받기 힘든 세상인데 갈 날만을 기다리는 사람들을 더욱 비참하게 만드는 곳으로 받아들인다.

복지관, 노인복지관, 노인복지센터, 종합사회복지관 등 다양한 이름이지만 출입 층이 노인이다. 지방자치단체에서 주관하는 곳도 있고 각종 사회사업단체가 운영하기도 한다. 복지관에서는 다양한 프로그램을 준비해 놓고 회원들을 위해 봉사하고 있다. 인기 과목을 수강하기 위해서는 새벽부터 줄을 서 번호표를 받아야 할 만큼 등록이 쉽지 않다. 한 사람이 한 과목만 수강하는 것이 아니다 보니 수요와 공급이 잘 맞지 않다. 한 주일 내내 복지관에서 시간을 보내는 분들도 많다. 복지관은 그야말로 노인 천국이다.

복지관에서는 바둑이나 장기며 탁구와 당구, 게이트볼 같은 운동도 하고 휴식 공간도 있다. 자원봉사자들의 도움으로 침술과 물리치료며 이미용을 봉사 받을 수도 있다. 건강 프로그램도 있고 교양 프로그램도 있다. 요가, 단전호흡이며 스포츠댄스, 고전무용도 있지만 제일 경쟁이 치열한 곳은 단연 컴퓨터와 사교댄스이다. 노래도 배우고 하모니카나 오카리나 또는 기타를 배우고 사물놀이를 익히며 즐긴다. 한글, 한문, 영어, 일어, 중국어 회화를 배우기도 한다. 그림을 배워 뒤늦게 화가의 꿈에 부풀기도 하고 붓을 잡고 먹을 갈며 묵향에 취해 나이를 잊어버린다는 서예반도 인기다.

복지관끼리 배우고 익힌 실력을 발표하는 대회도 물론 있지만 소외계층을 위해 봉사하는 기회도 주어진다. 복지관 시설을 빌려 운영하는 각종 동호회도 활발하다. 노인대학은 새로운 친구를 만나는 좋은 기회이다. 복지관은 운영 주체에 따라 무료도 있고 일부의 실비를 회원들이 부담하기도 한다. 자기가 배우는 과목을 일주일에 한두 번 수강으로 부족하다는 열성파들은 한군데가 아니고 몇 군데를 다닌다. 한번 회원이 되었다고 배우고 싶은 과목을 언제나 수강할 수 있는 것은 아니다. 매 분기마다 수강 신청을 해야 한다.

교통이 편리한 복지관은 매일매일 성황이다. 아침 아홉 시부터 다섯 시까지 각종 프로그램으로 교실이나 강당은 빌 틈이 없다. 회원들이 많다 보니 회원들의 경력도 참으로 다양하다. 은퇴한 교장, 교수며 지방자치단체장도 있다. 자영업이나 중소기업을 물려준 사장님들도 있다. 전문직에 종사한 분들도 복지관에서는 평등한 회원이다. 가족들 뒷바라지에 평생을 보내며 자식들을 훌륭한 인재로 키워 놓아도, 늙은 부모의 남는 시간을 관리해 줄 자식은 없다.

노인 복지관에 오는 분들은 해보고 싶었던 것을 지금부터라도 찾아 나선 분들이다. 화려한 과거를 모두 내려놓고 가벼운 마음으로 모인 사람들이다. 지난날에서 벗어나 자기 관리를 위해 스스로 노후를 설계하고 있다. 서예반의 최고령인 팔십 삼세 여사님의 공부하는 모습이 정말 진지하다. 먹을 갈고 붓을 잡은 모습은 참으로 아름답다. 나날이 발전해 가는 성취감은 남이 대신해 줄 수 없는 자기만의 기쁨이고 행복이다. 팔십을 넘긴 노모가 사교댄스를 배우고부터 활기차고 건강하게 사는 모습으로 달라지셨다며 그 아들이 선생님과 파트너를 찾아와 어머니를 잘 부탁한다고 종종 점심을 산다는 이야기도 들었다. 배울 기회를 잃었던 분들이 복지관에서 배운 한글로 한의 응어리를 풀고 자신감을 찾았다며, 만약 늙었다고 포기했다면 어찌 만날 수 있는 즐거움이겠냐고 한다.

복지관은 노인들이 자기 관리를 터득하고 품위 유지를 공부하는 곳이다. 비록 일터에서 물러나서 뒤늦게 복지관에서 취미활동으로 배워서 전문가가 되지 못한다고 해도 스스로 배움에 몰입한다는 것은 가을바람에 흔들리는 억새꽃과 같은 아름다움이다.

노인은 죽기를 기다리는 세대가 아니다. 젊은이들에게 무거운 짐이나 지우는 아무 쓸모없는 세대가 아니라 늙어도 자기 몫을 다하고자 노력하고 있다. 뒤늦게 무엇을 배워 어디다 써먹으려고 배우느냐고 말하지 마라. 노인만이 알 수 있는 일이고 노인이 되어봐야 알게 된다. 칠십이 안 된 사람이 칠십 노인이 어떠해야 한다고 단정하지 마라. 팔십까지 살아보지를 않았으면서 팔십을 논하는 것은 뒷날 자신을 부끄럽게 하는 길임을 잊지 말아야 한다.

한없이 떨리던 붓 잡은 손이 더디지만 어느 새 모양을 잡아가면서 얻는 성취감은 늙은이라고 다르지 않다. 복지관 간의 개최되는 각종 경진대회의 좋은 성적을 거두기 위해 밤낮을 가리지 않고 연습에 몰두하는 모습은 젊은이 못지않게 뜨겁다. 사물놀이를 배우며 신명이 어떤가를 실감하고 스텝을 밟으면서 나도 할 수 있다는 자신감이 생긴다. 식은 줄만 알았던 열정이 남아 있음이 고마울 뿐이다. 복지관에서 많은 노인들이 시간은 보내는 것은 노인뿐만 아니라 가정과 사회 모두를 건강하게 하는 길이다.

겨울 끝자락의 함박눈은 떨어지면 곧 녹아 버리지만 탐스럽게 내리는 순간만은 참으로 아름답지 않은가. 호젓한 산길에 핀 구절초도 곧 겨울을 맞이하겠시만 뒤늦게 피었다고 어찌 그 모습이 숭고하지 않고 그 향이 값지지 않고 그윽하지 않겠는가. 비록 남아 있는 날이 많지 않다 해도 포기하지 않고 주어진 날에 최선을 다해 열심히 배우고 노력하는 노인복지관 회원들은 시든 꽃이 아니라 다만 조금 늦게 핀 꽃일 뿐이다.

세상에 절대로 공짜는 없다

인쇄일 2024년 4월 25일
발행일 2024년 4월 30일

지은이 강규인
펴낸이 박철수
펴낸곳 도서출판 **해암**

등록번호 제325-2001-000007호
주소 부산시 중구 대청로 138번길 9 (대원빌딩 302호)
전화 051)254-2260
팩스 051)246-1895
메일 haeambook@daum.net

ISBN 978-89-6649-245-9 03810

값 15,000원

부산문화재단
BUSAN CULTURAL FOUNDATION

* 본 도서는 2024년 부산광역시 부산문화재단 (부산문화예술지원사업)으로 지원을 받았습니다.